たったの72パターンで こんなに話せる台湾語会話

CD BOOK

趙怡華 著　陳豐惠 監修

明日香出版社

はじめに

大家好！（皆さん、こんにちは！）

　一度訪れたら、何度もリピートしたくなる台湾。旅行先として近年、大人気です。新しさと懐かしさが混在する街を歩き回るだけでも楽しいですが、行き交う人々もとても人なつこくて親切です。街歩きに疲れたら、気持ちいいマッサージで心と体を癒やし、おなかが減ったら安くておいしい食べ物で食欲を満たす。そんな魅力いっぱいの台湾で
「台湾の言葉で気軽にコミュニケーションをとってみたい」
「旅先で日常会話フレーズが使えるようになりたい」
という希望をお持ちの方。それができれば、旅は 100 倍楽しくなりますよ。

　この『たったの 72 パターンでこんなに話せる台湾語会話』は、そんな希望をお持ちの台湾語と台湾華語の初級者の方々を対象とし、日常会話でよく使われるパターンをピックアップしています。タイトルの通り、たったの 72 個のパターンを習得すれば、台湾人と簡単な会話ができるようになります。
　本書の特長は**「パターン」**と**「文型」**。これを繰り返し練習することによって、あとは**単語を入れ替えるだけで会話のバリエーションを広げる**ことができ、より台湾人とのコミュニケーションを楽しむことができるはずです。

　「Part I これだけは‼　絶対覚えたい重要パターン 21」では、まず「基本フレーズ」（肯定文）を学び、「応用」ではその「否定パターン」と「疑問パターン」を練習することで、台湾語と台湾華語の基本文法も合わせて身につくようになっています。

「PartⅡ 使える！ 頻出パターン51」では、日常会話の幅を広げることができるように、台湾人がよく使う日常的な表現をバラエティ豊かに盛り込みました。

本書のもう一つの特長は、姉妹作の『新版 はじめての台湾語』『絵でわかる台湾語会話』『台湾語会話フレーズブック』（以上、明日香出版社）と同様に、**台湾語と台湾華語を掲載**し、カタカナのルビだけではなく、それぞれの発音符号である「教会ローマ字」と「ピンイン」をつけていることです。

台湾語や台湾華語の発音をカタカナで表記するのは難しい上、声調によっても意味が変わりますので、おそらくカタカナのルビをそのまま発音しても通じないことがあると思われます。本書を使用する際には、ルビは参考程度にしてください。

付属のCDを繰り返し聞いて、台湾語と台湾華語の発音やリズムに親しんでください。文字や語順などの違いもさることながら、発音がこうも違うのかと、あらためて驚くこともあるでしょう。

皆さんにとって、本書が台湾をより楽しむ一助になれれば幸いです。

趙　怡華

y2327886@hotmail.com

◆CDの使い方◆

CDには、各パターンの「基本フレーズ」を日本語→台湾華語の順に、そして「基本パターンで言ってみよう！」および「応用」の「否定パターン」「疑問パターン」「応用パターンで言ってみよう！」の各フレーズを日本語→台湾華語→台湾語の順に収録しています。

台湾語と台湾華語が実際にどのように話されているかを確認しながら聴いてください。次に、発音やリズムをまねて、実際に言ってみましょう。慣れてきたら、日本語の後に自分で言ってみましょう。

目　次

台湾語と台湾華語・基本の基本！…8

絶対覚えたい重要パターン21

1 これは〜です／這是〜 …18
2 私は〜です／我是〜 …22
3 〜があります、〜を持っています／主語＋有〜 …26
4 〜にいます、〜にあります／主語＋在〜 …30
5 〜がほしいです／主語＋想要〜 …34
6 〜が好きです／主語＋喜歡〜 …38
7 〜が嫌いです／主語＋討厭〜 …42
8 〜したいです／主語＋想＋動詞 …46
9 〜するつもりです／主語＋打算＋動詞 …50
10 〜しなければなりません／主語＋要＋動詞 …54
11 〜できます①／主語＋會＋動 …58
12 〜できます②／主語＋敢＋動詞 …62
13 〜するのが上手です／主語＋很會＋動詞 …66
14 〜してもよいです／主語＋可以＋動詞 …70
15 〜しています／主語＋在＋動詞 …74
16 〜しました／主語＋動詞＋了 …78
17 もう〜しました／主語＋動詞＋過了 …82
18 〜したことがあります／主語＋動詞＋過 …86
19 〜しませんでした、〜していません／主語＋沒＋動詞 …90
20 ここは〜です／這裡是〜 …94
21 すべて〜、いずれも〜／都〜 …98

頻出パターン51

22 ～はどこ？／~在哪裡？…104
23 ～はいくらですか？／~多少錢？…106
24 ～は誰？／~是誰？…108
25 いつ～？／什麼時候~？…110
26 何時～？／幾點~？…112
27 どうやって～？／怎麼~？…114
28 どうぞ～してください／請~ …116
29 ～をください／給我~ …118
30 ～しましょう／~吧 …120
31 ～してみて／~看看 …122
32 ～させて／讓~ …124
33 ～しないで／不要~ …126
34 ～していただけませんか？／能不能~？…128
35 ～してもいいですか？／可不可以~？…130
36 ～と思います／主語＋覺得~ …132
37 ～が必要です／主語＋需要~ …134
38 ～が好物です／我＋喜歡吃~ …136
39 ～を替えたいです／我＋要換~ …138
40 ～かもしれない①／可能~吧 …140
41 ～かもしれない②／也許~ …142
42 ～をありがとう／謝謝~ …144
43 ～してごめんね／對不起，~ …146

44	～おめでとう！／恭喜～！	…148
45	～がんばって！／～加油！	…150
46	とても～／很～	…152
47	～すぎる／太～了	…154
48	すぐに～／馬上～	…156
49	まもなく～／快～了	…158
50	～になる／變～了	…160
51	～された／被～了	…162
52	～がなくなった／～不見了	…164
53	～そうだ／好像～	…166
54	～みたいだよ／好像～了	…168
55	～だって／聽說～	…170
56	ＡはＢより～／Ａ比Ｂ～	…172
57	Ａのほうが～／Ａ比較～	…174
58	一番～／最～	…176
59	よく～、いつも～／常常～	…178
60	とても～、非常に～／非常～	…180
61	ますます～／越來越～	…182
62	もっと～／更～	…184
63	もっと～して／再～一點	…186
64	あまり～ない／不太～	…188
65	それほど～ない／沒那麼～	…190
66	まだ～していない／還沒～	…192
67	～から／從～	…194
68	～まで／到～	…196
69	実を言うと～／其實～	…198
70	～なので、…／因為～，所以…	…200
71	～しながら…／邊～邊…	…202
72	～ってこと？／你＋是說～嗎？	…204

カバーデザイン：渡邊民人（TYPE FACE）
カバーイラスト：草田みかん
本文デザイン　：中川由紀子（TYPE FACE）
本文イラスト　：qanki

◎台湾語と台湾華語・基本の基本！◎

1. 台湾語と台湾華語について

　台北市や高雄市のMRT（地下鉄）や高鐵（台湾新幹線）の車内では４つの言語、すなわち「台湾華語・台湾語・客家語・英語」の順でアナウンスが行われています。

　台湾華語は、台湾の公用語として定められている標準語です。一般的には「國語」とも呼ばれています。
　一方、台湾語も日常生活でよく使われています。台湾語は、台湾では「台語」と呼ばれています。特に南に行けば行くほど台湾語に遭遇する確率が上がります。

　台湾華語を話す台湾人と、中国大陸の中国語（普通話）を話す中国人との間では、基本的には会話をすることが可能です。ただ、台湾華語と中国大陸の中国語（普通話）での一番の大きな違いは使用する文字でしょう。

　台湾では昔の日本でいう正字である「繁體字」を、中国では画数を簡略した「简体字」を使います。
　例えば日本語の「図書館」は、台湾の繁体字では『圖書館』で、中国の簡体字では『图书馆』と書きます。

●繁体字・簡体字・日本語の対照

繁体字	單	發	氣	傳	腦	劍	樂	廣	讓	樣
簡体字	单	发	气	传	脑	剑	乐	广	让	样
日本語	単	発	気	伝	脳	剣	楽	広	譲	様

また、発音記号に関しては、台湾華語では「注音符号」（ㄅ, ㄆ, ㄇ, ㄈなど）を、中国語では「ピンイン」（b, p, m, f など）を使用します。

●注音符号とピンインの対照表

声母（子音）								介音	韻母（母音）			
ㄅ	ㄉ	ㄍ	ㄐ	ㄓ	ㄗ		ㄧ	ㄚ	ㄞ	ㄢ	ㄦ
b	d	g	j	zh	z		y	a	ai	an	er
ㄆ	ㄊ	ㄎ	ㄑ	ㄔ	ㄘ		ㄨ	ㄛ	ㄟ	ㄣ	
p	t	k	q	ch	c		u	o	ei	en	
ㄇ	ㄋ	ㄏ	ㄒ	ㄕ	ㄙ		ㄩ	ㄜ	ㄠ	ㄤ	
m	n	h	x	sh	s		ü	e	ao	ang	
ㄈ	ㄌ			ㄖ				ㄝ	ㄡ	ㄥ	
f	l			r				ie	ou	eng	

　台湾華語と台湾語は影響し合っていることに間違いありませんが、まったく別の言葉と考えてもらってもかまいません。台湾語、閩南語を話す一部の福建省出身の人たちには通じますが、普通話を話す人たちには通じないこともあります。
　台湾華語の声調（イントネーション）は4つであるのに対し、台湾語の声調は8つです。

2. 台湾華語の発音

●声調

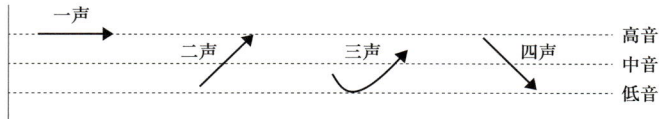

一声：まっすぐ平に
二声：一気に上がる
三声：一回下がってから上がる
四声：一気に下がる

●注音符号の声調表記

注音符号	一声	二声	三声	四声	軽声
	なし	ˊ	ˇ	ˋ	・
	ㄇㄚ	ㄇˊㄚ	ㄇˇㄚ	ㄇˋㄚ	・ㄇㄚ
ピンイン	mā	má	mǎ	mà	ma
漢字	媽	麻	馬	罵	嘛

3. 台湾語の発音

●声調の高低イメージ

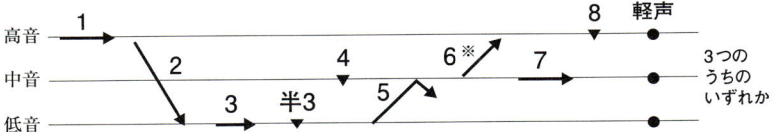

※ 現代の台湾語では六声は、二声と区別がないことから、欠番扱いとされることが多い。

●声調変化の法則

台湾語では、文末の音節以外のほとんどの音節が「変調（声調変化）」します。

一声	二声	三声	四声	五声	六声	七声	八声
(1)→7	(2)→1	(3)→2	(4)→8	(5) 7／3	二声と同じ変化	(7)→3	(8)→半3
七声に変調	一声に変調	二声に変調	八声に変調	南は七声に、北は三声に		三声に変調	半三声に変調

●単母音

a	i	u	e	ơ	o
ア	イ	ウ	エ	オ	オ

●主な複合母音

ai	ia	iu	ui	io	im
アイ	ヤ	イウ	ウイ	イヨ	イム
un	in	oa	oe	ian	eng
ウン	イン	ウァ	ウェ	イェン	イン

●子音

子音				雙唇	舌尖	軟顎
口腔子音	塞音	無声	無気	p	t	k
			有気	ph	th	kh
		有声		b		g
	塞擦音	無声	無気		ch	
			有気		chh	
		有声			j	
	擦音	無声			s	h
	軽敲声	有声			l	
鼻子音		有声		m	n	ng

また、台湾語は日本語の影響を強く受けています。日本語がそのまま台湾語になった表現は数多くあります。
　例えば、「お弁当」は『便當』(ベンドン)、「刺身」は『沙西米』(サシミ)など、枚挙にいとまがありません。

　発音も日本語に近いものが多いです。有名なものは『了解』。発音は「liáu-kái(リャウカイ)」で、そのまま発音しても通じますね。
　変調で挫折する学習者が多いようですが、難しい法則よりも耳で生の言葉を覚えることをおすすめします。

4. 人称代名詞

		日本語	台湾華語		台湾語	
1人称	単数	私	我	wǒ ウォ	我	góa グァ
	複数	私たち	我們	wǒ mén ウォメン	阮／咱	góan／lán グァン／ラン
2人称	単数	あなた	你／妳	nǐ ニ	你	lí リ
			您	nín ニン		
	複数	あなたたち	你們／妳們	nǐ mén ニメン	恁	lín リン
3人称	単数	彼	他	tā タ	伊	i イ
		彼女	她	tā タ	伊	i イ
	複数	彼ら	他們	tā mén タメン	悠	in イン
		彼女ら	她們	tā mén タメン	悠	in イン

＊台湾華語では、「あなた」（2人称単数）は『你』『您』の言い方があります。『您』は目上の人などに対して尊敬を込めた言い方です。ちなみに『妳』は書き言葉の「あなた（貴女）」です。

＊台湾語の「私たち」は『阮』と『咱』の2通りの言い方があります。相手を含めない「私たち」は『阮』で、相手を含めた「私たち」は『咱』を使います。

5．指示代名詞

●「物」を表す

日本語	台湾華語		台湾語	
この	這	zhè ゼ	這	che ゼ
これ	這個	zhè ge ゼ ガ	這个	chit-ê ジッ エ
その、あの	那	nà ナ	彼	he ヘ
それ、あれ	那個	nà ge ナ ガ	彼个	hit-ê ヒッ エ
これら（の）	這些	zhè xiē ゼ シェ	遮的	chia-ê ジャ エ
それら（の）、 あれら（の）	那些	nà xiē ナ シェ	遐的	hia-ê ヒャ エ

●「場所」を表す

日本語	台湾華語		台湾語	
ここ	這裡	zhè lǐ ゼ リ	遮	chia ジャ
そこ、あそこ	那裡	nà lǐ ナ リ	遐	hia ヒャ
どこ	哪裡	nǎ lǐ ナ リ	佗位	tó-ūi ドゥイ

Part I

これだけは!!
絶対覚えたい重要パターン21

II

これは〜です

這是〜

基本フレーズ

這是禮物。
Zhè shì lǐ wù
ゼ スー リ ウ

これはプレゼントです。

こんなときに使おう!

プレゼントを渡すときに…

『這是〜』は「これは〜です」という表現です。『〜』には名詞が来ます。『這』は指示代名詞で「これ」、『是』は「〜です」を意味します。

基本パターン

| 台湾華語 | 這 ＋ 是 ＋ 名詞 。 |

| 台湾語 | 這 ＋ 是 ＋ 名詞 。 |

基本パターンで言ってみよう!

これは私のものです。

[台湾華語] 這是我的。
Zhè shì wǒ de
ゼ ス ウォ ダ

[台湾語] 這是我的。
Che sī góa ê
ゼ シ グァ エ

これは私の電話番号です。

[台湾華語] 這是我的電話號碼。
Zhè shì wǒ de diàn huà hào mǎ
ゼ ス ウォ ダ ディェンホァ ハウ マ

[台湾語] 這是我的電話號碼。
Che sī góa ê tiān-ōe hō-bé
ゼ シ グァ エ デンウェ ホ ベ

これは私のメールアドレスです。

[台湾華語] 這是我的伊妹兒。
Zhè shì wǒ de Yī mèi ér
ゼ ス ウォ ダ イ メイ ア

[台湾語] 這是我的 E-mail。
Che sī góa ê E-mail
ゼ シ グァ エ イ メイア

応用

●否定パターン●

[台湾華語] 『不』を『是』の前につけるだけ！

這 ＋ **不** ＋ 是 ＋ 名詞 。

[台湾語] 『毋』を『是』の前につけるだけ！

這 ＋ **毋** ＋ 是 ＋ 名詞 。

これはプレゼントではありません。

[台湾華語] 這**不是**禮物。
Zhè bú shì lǐ wù
ゼ ブ ス リ ウ

[台湾語] 這**毋**是禮物。
Che m̄-sī lé-bu̍t
ゼ ム シ レ ブッ

●疑問パターン●

[台湾華語] 文末に『嗎』をつけるだけ！

這 ＋ 是 ＋ 名詞 ＋ **嗎** ？

[台湾語] 『敢』を『是』の前につけるだけ！

這 ＋ **敢** ＋ 是 ＋ 名詞 ？

これはプレゼントですか？

[台湾華語] 這**是**禮物**嗎**？
Zhè shì lǐ wù mā
ゼ ス リ ウ マ

[台湾語] 這**敢**是禮物？
Che kám-sī lé-bu̍t
ゼ ガム シ レ ブッ

これは〜です／這是〜

 応用パターンで言ってみよう!

これは私のものではない。

[台湾華語] 這**不是**我的。
Zhè bú shì wǒ de
ゼ ブ スウォダ

[台湾語] 這**毋是**我的。
Che m̄-sī góa ê
ゼ ム シ グァ エ

これはあなたのものですか？

[台湾華語] 這**是**你的**嗎**？
Zhè shì nǐ de mā
ゼ ス ニ ダ マ

[台湾語] 這**敢是**你的？
Che kám-sī lí ê
ゼ ガム シ リ エ

 これも知っておこう!

『這』を『那』『彼』に変えると、「あれ（それ）」という意味になります。『那是〜』『彼是〜』は「あれは（それは）〜です」。

あちらは私の彼女です。

[台湾華語] **那是**我的女朋友。
Nà shì wǒ de nǚ péng yǒu
ナ ス ウォ ダ ニュィポン ヨ

[台湾語] **彼是**我的女朋友。
He sī góa ê lú-pêng-iú
ヘ シ グァ エ ル ピン ユ

2 私は〜です
我是〜

基本 フレーズ

我是學生。
Wǒ shì xué shēng
ウォ ス シュェセン

私は学生です。

こんなときに使おう!

職業などを聞かれたときに…

　『我是〜』は「私は〜です」という表現です。『〜』には名詞が来ます。『是』はよく英語の be 動詞の使い方に似ていると言われますが、主語の人称、数、時制などによる語形変化はありません。（人称代名詞は p.14 を参照）

基本パターン

| 台湾華語 | 主語 ＋ 是 ＋ 名詞 。|

| 台湾語 | 主語 ＋ 是 ＋ 名詞 。|

基本パターンで言ってみよう!

私は日本人です。

台湾華語 我是日本人。
Wǒ shì Rì běn rén
ウォ ス リ ベン レン　＊口語で「ズ ベン レン」とも言う。

台湾語 我是日本人。
Góa sī Ji̍t-pún-lâng
グァ シ ジップンラン

私は会社員です。

台湾華語 我是上班族。
Wǒ shì shàng bān zú
ウォ ス サンバンズゥ

台湾語 我是食頭路人。
Góa sī chia̍h-thâu-lō͘-lâng
グァ シ ジャッタウ ロ ラン

私たちは友達です。

台湾華語 我們是朋友。
Wǒ mén shì péng yǒu
ウォメン ス ポン ヨ

台湾語 阮是朋友。
Goán sī pêng-iú
グァン シ ピン ユ

応 用

● 否定パターン ●

[台湾華語] 『不』を『是』の前につけるだけ！

主語 ＋ 不 ＋ 是 ＋ 名詞 。

[台湾語] 『毋』を『是』の前につけるだけ！

主語 ＋ 毋 ＋ 是 ＋ 名詞 。

私は学生ではありません。

[台湾華語] 我不是學生。
Wǒ bú shì xué shēng
ウォ ブ ス シュエセン

[台湾語] 我毋是學生。
Góa m̄-sī ha̍k-seng
グァ ム シ ハッシン

● 疑問パターン ●

[台湾華語] 文末に『嗎』をつけるだけ！

主語 ＋ 是 ＋ 名詞 ＋ 嗎 ？

[台湾語] 『敢』を『是』の前につけるだけ！

主語 ＋ 敢 ＋ 是 ＋ 名詞 ？

あなたは学生ですか？

[台湾華語] 你是學生嗎？
Nǐ shì xué shēng mā
ニ ス シュエセン マ

[台湾語] 你敢是學生？
Lí kám-sī ha̍k-seng
リ ガム シ ハッシン

私は〜です／我是〜

応用パターンで言ってみよう！

彼女は僕のタイプじゃない。

[台湾華語] 她**不是**我的菜。 ＊『她』彼女
Tā bú shì wǒ de cài
タ ブ ス ウォ ダ ツァイ

[台湾語] 伊**毋是**我佮意彼型的。
I m̄-sī góa kah-i hit hêng--ê
イ ム シ グァ ガッイ ヒッヒン エ

彼は悪い人じゃない。

[台湾華語] 他**不是**壞人。
Tā bú shì huài rén
タ ブ ス ホァイレン

[台湾語] 伊**毋是**歹人。
I m̄-sī pháiⁿ-lâng
イ ム シ パインラン

あなたは台湾人ですか？

[台湾華語] 你**是**台灣人嗎？
Nǐ shì Tái wān rén mā
ニ ス タイワンレン マ

[台湾語] 你**敢是**台灣人？
Lí kám-sī Tâi-oân-lâng
リ ガム シ ダイワンラン

3 ～があります、～を持っています

主語 + 有～

基本フレーズ

我**有**時間。
Wǒ yǒu shí jiān
ウォ ヨウ ス ジェン

時間があります。

こんなときに使おう!
食事に誘われたら…

『 主語 + 有～ 』は「～があります」「～がいます」「～を持っています」という意味です。『有』は英語の have にあたります。

基本パターン

|台湾華語|　**主語** + **有** ～ 。

|台湾語|　**主語** + **有** ～ 。

基本パターンで言ってみよう！

デートの約束があります。

[台湾華語] 我有約會。
Wǒ yǒu yuē huì
ウォ ヨウ ユェ ホェイ

[台 湾 語] 我有約會。
Góa ū iok-hōe
グァ ウ ヨッホェ

質問があります。

[台湾華語] 我有問題。
Wǒ yǒu wèn tí
ウォ ヨウ ウン ティ

[台 湾 語] 我有問題。
Góa ū būn-tê
グァ ウ ブン デ

私はお金を持っています。

[台湾華語] 我有錢。
Wǒ yǒu qián
ウォ ヨウ チェン

[台 湾 語] 我有錢。
Góa ū chîⁿ
グァ ウ ジン

応 用

●否定パターン●

[台湾華語] 『沒』を『有』の前につけるだけ！

主語 ＋ 沒 ＋ 有 〜 。

[台湾語] 『無』を『〜』の前につけるだけ！

主語 ＋ 無 〜 。

時間がありません。

[台湾華語] 我沒有時間。
Wǒ méi yǒu shí jiān
ウォメイヨウ ス ジェン

[台湾語] 我無時間。
Góa bô sî-kan
グァ ボ シ ガン

●疑問パターン●

[台湾華語] 文末に『嗎』をつけるだけ！

主語 ＋ 有 〜 嗎 ？

[台湾語] 文末に『無』をつけるだけ！

主語 ＋ 有 〜 無 ？

時間がありますか？

[台湾華語] 你有時間嗎？
Nǐ yǒu shí jiān mā
ニ ヨウ ス ジェン マ

[台湾語] 你有時間無？
Lí ū sî-kan--bô
リ ウ シ ガン ボ

〜があります、〜を持っています／主語＋有〜

応用パターンで言ってみよう！

仕事がありません。

[台湾華語] 我沒有工作。
Wǒ méi yǒu gōng zuò
ウォメイヨウゴンズゥォ

[台湾語] 我無頭路。
Góa bô thâu-lō͘
グァ ボ タウ ロ

兄弟（姉妹）はいますか？

[台湾華語] 你有兄弟姐妹嗎？
Nǐ yǒu xiōng dì jiě mèi mā
ニ ヨウションディジェメイ マ

[台湾語] 你有兄弟姊妹無？
Lí ū hiaⁿ-tī chí-mōe--bô
リ ウ ヒャンディ ジ ムェ ボ

これも知っておこう！

疑問詞の「どこ」を使って、質問文を作ってみましょう。

トイレはどこにありますか？

[台湾華語] 哪裡有廁所？
Nǎ lǐ yǒu cè suǒ
ナ リ ヨウツェスゥォ

[台湾語] 佗位有便所？
Tó-ūi ū piān-só͘
ド ウィ ウ ベン ソ

4 〜にいます、〜にあります

主語 + 在〜

基本フレーズ

我在公司。
Wǒ zài gōng sī
ウォ ザイ ゴン ス

私は会社にいます。

こんなときに使おう！
「どこにいるの？」と聞かれたときに…

『 主語 +在+ 場所 』は「 主語 は〜にいる／ある」という表現です。

基本パターン

| 台湾華語 | 主語 ＋ 在 ＋ 場所 。|

| 台湾語 | 主語 ＋ 佇 ＋ 場所 。|

基本パターンで言ってみよう！

私は外にいます。

[台湾華語] 我**在**外面。
Wǒ zài wài miàn
ウォ ザイ ワイ ミェン

[台湾語] 我**佇**外口。
Góa tī gōa-kháu
グァ ディ グァ カウ

私は電車の中にいます（電車に乗っています）。

[台湾華語] 我**在**電車裡。
Wǒ zài diàn chē lǐ
ウォ ザイ ディェン ツェ リ

[台湾語] 我**佇**捷運內底。
Góa tī chiàt-ūn lāi-té
グァ ディ ジェッ ウン ライ デ

私はクライアントのところにいます。

[台湾華語] 我**在**客戶這。
Wǒ zài kè hù zhè
ウォ ザイ カ フ ゼ

[台湾語] 我**佇**客戶遮。
Góa tī kheh-hō͘ chia
グァ ディ ケッ ホ ジャ

応用

● 否定パターン ●

|台湾華語| 『不』を『在』の前につけるだけ！

主語 ＋ 不 ＋ 在 ＋ 場所 。

|台湾語| 『無』を『佇』の前につけるだけ！

主語 ＋ 無 ＋ 佇 ＋ 場所 。

私は会社にいません。

|台湾華語| 我不在公司。
Wǒ bú zài gōng sī
ウォ ブ ザイ ゴン ス

|台湾語| 我無佇公司。
Góa bô tī kong-si
グァ ボ ディ ゴン シ

● 疑問パターン ●

|台湾華語| 文末に『嗎』をつけるだけ！

主語 ＋ 在 ＋ 場所 ＋ 嗎 ？

|台湾語| 『有』を『佇』の前に、文末に『無』をつけるだけ！

主語 ＋ 有 ＋ 佇 ＋ 場所 ＋ 無 ？

あなたは会社にいますか？

|台湾華語| 你在公司嗎？
Nǐ zài gōng sī mā
ニ ザイ ゴン ス マ

|台湾語| 你有佇公司無？
Lí ū tī kong-si--bô
リ ウ ディ ゴン シ ボ

~にいます、~にあります／主語＋在~

応用パターンで言ってみよう!

社長はいません。

[台湾華語] 我們老闆不在。
Wǒ mén lǎo bǎn bú zài
ウォメンラウバン ブ ザイ

[台湾語] 阮頭家無佇咧。
Goán thâu-ke bô tī--leh
グァンタウ ゲ ボ ディレッ

もしもし、陳さんはいますか？〔電話で〕

[台湾華語] 喂，陳小姐在嗎？
Wéi Chén xiǎo jiě zài mā
ウェイ チェンシャウジェ ザイ マ

[台湾語] 喂，陳小姐有佇咧無？
Ôe Tân sió-chiá ū tī--leh-bô
ウェイ ダンショジャ ウ ディレッ ボ

これも知っておこう!

疑問詞の「どこ」を使って、質問文を作ってみましょう。

あなたはどこにいますか？

[台湾華語] 你在哪裡？
Nǐ zài nǎ lǐ
ニ ザイ ナ リ

[台湾語] 你佇佗位？
Lí tī tó-ūi
リ ディ ド ウィ

5 〜がほしいです

主語 + 想要 〜

基本フレーズ

我想要這個。
Wǒ xiǎng yào zhè ge
ウォ シャン ヤウ ゼ ガ

これがほしいです。

こんなときに使おう!
「どれがほしい?」と聞かれたときに…

『 主語 + 想要〜 』は「 主語 は〜がほしいです」という表現です。
『〜』には名詞が来ます。

基本パターン

台湾華語 主語 ＋ 想要 〜 。

台湾語 主語 ＋ 想欲愛 〜 。

基本パターンで言ってみよう!

あれがほしいです。

台湾華語 我想要那個。
Wǒ xiǎng yào nà ge
ウォシャンヤウ ナ ガ

台湾語 我想欲愛彼个。
Góa siūⁿ-beh ài hit-ê
グァシュウンベッアイ ヒッ エ

あなたがほしいです。

台湾華語 我想要你。
Wǒ xiǎng yào nǐ
ウォシャンヤウ ニ

台湾語 我想欲愛你。
Góa siūⁿ-beh ài--lí
グァシュウンベッアイ リ

ブランドもののバッグがほしいです。

台湾華語 我想要名牌包。
Wǒ xiǎng yào míng pái bāo
ウォシャンヤウ ミンパイバウ

台湾語 我想欲愛名牌皮包。
Góa siūⁿ-beh ài miâ-pâi phôe-pau
グァシュウンベッアイ ミャバイ プェバウ

応 用

●否定パターン●

|台湾華語| 『不』を『想要』の前につけるだけ！

主語 ＋ 不 ＋ 想要 ～ 。

|台湾語| 『無』を『想欲愛』の前につけるだけ！

主語 ＋ 無 ＋ 想欲愛 ～ 。

これがほしくないです。

|台湾華語| 我不想要這個。
Wǒ bù xiǎng yào zhè ge
ウォ ブ シャンヤウ ゼ ガ

|台湾語| 我無想欲愛這。
Góa bô siūⁿ-beh ài che
グァ ボ シュゥンベッアイ ゼ

●疑問パターン●

|台湾華語| 文末に『嗎』をつけるだけ！

主語 ＋ 想要 ～ 嗎 ？

|台湾語| 文末に『無』をつけるだけ！

主語 ＋ 想欲愛 ～ 無 ？

これがほしいですか？

|台湾華語| 你想要這個嗎？
Nǐ xiǎng yào zhè ge mā
ニ シャンヤウ ゼ ガ マ

|台湾語| 你想欲愛這無？
Lí siūⁿ-beh ài che--bô
リ シュゥンベッアイ ゼ ボ

36

~がほしいです／主語＋想要~

応用パターンで言ってみよう！

ほしくないです。

台湾華語 我**不想要**。
Wǒ bù xiǎng yào
ウォ ブ シャンヤウ

台湾語 我**無想欲愛**。
Góa bô siūⁿ-beh ài
グァ ボ シュウンベッアイ

パンフレットがほしいですか？

台湾華語 你**想要**目錄**嗎**？
Nǐ xiǎng yào mù lù mā
ニ シャンヤウ ム ル マ

台湾語 你**想欲愛**目錄**無**？
Lí siūⁿ-beh ài bók-lók--bô
リ シュウンベッアイ ボッ ロッ ボ

これも知っておこう！

疑問詞の「何」を使って、質問文を作ってみましょう。

何がほしいですか？

台湾華語 你**想要**什麼？
Nǐ xiǎng yào shén me
ニ シャンヤウセン モ

台湾語 你**想欲愛**啥物？
Lí siūⁿ-beh ài siáⁿ-mih
リ シュウンベッアイシャンミッ

6 〜が好きです

主語 ＋ 喜歡〜

基本 フレーズ

我喜歡你。
Wǒ xǐ huān nǐ
ウォ シ ホァン ニ

私はあなたが好きです。

こんなときに使おう！

好きな人に告白するときに…

『 主語 ＋ 喜歡〜 』は「 主語 は〜が好きです」という表現です。

基本パターン

台湾華語　　主語 ＋ 喜歡 〜。

台湾語　　　主語 ＋ 佮意 〜。

基本パターンで言ってみよう！

私は台湾が好きです。

[台湾華語] 我喜歡台灣。
Wǒ xǐ huān Tái wān
ウォ シ ホァン タイ ワン

[台湾語] 我佮意台灣。
Góa kah-ì Tâi-oân
グァ ガッ イ ダイ ワン

私は台湾料理が好きです。

[台湾華語] 我喜歡台菜。
Wǒ xǐ huān Tái cài
ウォ シ ホァン タイ ツァイ

[台湾語] 我佮意台灣菜。
Góa kah-ì Tâi-oân chhài
グァ ガッ イ ダイ ワン ツァイ

私はこれが好きです。

[台湾華語] 我喜歡這個。
Wǒ xǐ huān zhè ge
ウォ シ ホァン ゼ ガ

[台湾語] 我佮意這。
Góa kah-ì che
グァ ガッ イ ゼ

応 用

●否定パターン●

[台湾華語] 『不』を『喜歡』の前につけるだけ！

主語 ＋ **不** ＋ 喜歡 ～ 。

[台湾語] 『無』を『愛』の前につけるだけ！

主語 ＋ **無** ＋ 愛 ～ 。

あなたが好きではない。

[台湾華語] 我**不**喜歡你。
Wǒ bù xǐ huān nǐ
ウォ ブ シ ホァン ニ

[台湾語] 我**無**愛你。
Góa bô kah-ì--lí
グァ ボ ガッイ リ

●疑問パターン●

[台湾華語] 文末に『嗎』をつけるだけ！

主語 ＋ 喜歡 ～ **嗎** ？

[台湾語] 『有』を『愛』の前に、文末に『無』をつけるだけ！

主語 ＋ **有** ＋ 愛 ～ **無** ？

私のことが好きですか？

[台湾華語] 你喜歡我**嗎**？
Nǐ xǐ huān wǒ mā
ニ シ ホァン ウォ マ

[台湾語] 你**有**愛我**無**？
Lí ū kah-ì--góa-bô
リ ウ ガッイ グァ ボ

40

~が好きです／主語＋喜歡～

応用パターンで言ってみよう!

試験は好きではない。

台湾華語 我**不喜歡**考試。
Wǒ bù xǐ huān kǎo shì
ウォ ブ シ ホァンカウ ス

台湾語 我**無佮意**考試。
Góa bô kah-ì khó-chhì
グァ ボ ガッイ コ チ

自分の仕事が好きですか？

台湾華語 你**喜歡**你的工作**嗎**？
Nǐ xǐ huān nǐ de gōng zuò mā
ニ シ ホァン ニ ダ ゴンズゥォ マ

台湾語 你**有佮意**你的工課**無**？
Lí ū kah-ì lí ê khang-khòe--bô
リ ウ ガッイ リ エ カンクェ ボ

これも知っておこう!

疑問詞の「何」を使って、質問文を作ってみましょう。

何が好きですか？

台湾華語 你**喜歡**什麼？
Nǐ xǐ huān shén me
ニ シ ホァンセン モ

台湾語 你**佮意**啥物？
Lí kah-ì siáⁿ-mih
リ ガッイ シャンミッ

41

7 ～が嫌いです

主語 ＋ 討厭～

基本フレーズ

我討厭數學。
Wǒ tǎo yàn shù xué
ウォ タウ イェン スウ シュェ

私は数学が嫌いです。

こんなときに使おう！
「数学は好き？」と聞かれて…

『 主語 ＋ 討厭～ 』は「 主語 は～が嫌いです」という表現です。

基本パターン

台湾華語 主語 ＋ 討厭 ～ 。

台湾語　　主語 ＋ 討厭 ～ 。

基本パターンで言ってみよう！

私はタバコが嫌いです。

[台湾華語] 我討厭香煙。
Wǒ tǎo yàn xiāng yān
ウォ タウイェン シャン イェン

[台湾語] 我討厭薰。
Góa thó-ià hun
グァ トウ ヤ フン

私は残業が嫌いです。

[台湾華語] 我討厭加班。
Wǒ tǎo yàn jiā bān
ウォ タウイェン ジャ バン

[台湾語] 我討厭加班。
Góa thó-ià ka-pan
グァ トウ ヤ ガ バン

私は行列が（並ぶのが）嫌いです。

[台湾華語] 我討厭排隊。
Wǒ tǎo yàn pái duì
ウォ タウイェン パイ ドェイ

[台湾語] 我討厭排隊。
Góa thó-ià pâi-tūi
グァ トウ ヤ バイ ドゥィ

43

応 用

●否定パターン●

[台湾華語] 『不』を『討厭』の前につけるだけ！

主語 ＋ 不 ＋ 討厭 ～ 。

[台湾語] 『袂』を『討厭』の前につけるだけ！

主語 ＋ 袂 ＋ 討厭 ～ 。

私は数学が嫌いではありません。

[台湾華語] 我不討厭數學。

Wǒ bù tǎo yàn shù xué
ウォ ブ タウィェンスウシュェ

[台湾語] 我袂討厭數學。

Góa bē thó-ià sò-ha̍k
グァ ベ トウヤ ソ ハッ

●疑問パターン●

[台湾華語] 文末に『嗎』をつけるだけ！

主語 ＋ 討厭 ～ 嗎 ？

[台湾語] 『敢會』を『討厭』の前につけるだけ！

主語 ＋ 敢會 ＋ 討厭 ～ ？

あなたは数学が嫌いですか？

[台湾華語] 你討厭數學嗎？

Nǐ tǎo yàn shù xué mā
ニ タウィェンスウシュェ マ

[台湾語] 你敢會討厭數學？

Lí kám ē thó-ià sò-ha̍k
リ ガム エ トウヤ ソ ハッ

応用パターンで言ってみよう!

私はあなたが嫌いではありません。

台湾華語 我不討厭你。
Wǒ bù tǎo yàn nǐ
ウォ ブ タウィェン ニ

台湾語 我袂討厭你。
Góa bē thó-ià--lí
グァ ベ トウ ヤ リ

僕が嫌いですか?

台湾華語 你討厭我嗎?
Nǐ tǎo yàn wǒ mā
ニ タウィェンウォ マ

台湾語 你敢會討厭我?
Lí kám ē thó-ià--góa
リ ガム エ トウ ヤ グァ

これも知っておこう!

疑問詞の「何」を使って、質問文を作ってみましょう。

何が嫌いですか?

台湾華語 你討厭什麼?
Nǐ tǎo yàn shén me
ニ タウィェンセン モ

台湾語 你討厭啥物?
Lí thó-ià siáⁿ-mih
リ トウ ヤ シャンミッ

45

8 〜したいです

主語 + 想 + 動詞

基本フレーズ

我 想 看電影。
Wǒ xiǎng kàn diàn yǐng
ウォ シャン カンディェンインイン

映画を観たいです。

こんなときに使おう！

「何をしたい？」と聞かれて…

『 主語 + 想 + 動詞 』は「 主語 は〜したいです」という表現です。

● 基本パターン ●

台湾華語　　主語 ＋ 想 ＋ 動詞 〜 。

台湾語　　　主語 ＋ 想欲 ＋ 動詞 〜 。

基本パターンで言ってみよう!

旅行に行きたいです。

[台湾華語] 我**想**去旅行。
Wǒ xiǎng qù lǚ xíng
ウォ シャン チュィ リュィ シン

[台湾語] 我**想欲**去旅行。
Góa siūⁿ-beh khì lú-hêng
グァ シュゥン ベッ キ ル ヒン

マイホームを買いたいです。

[台湾華語] 我**想**買房子。
Wǒ xiǎng mǎi fáng zi
ウォ シャン マイ ファン ズ

[台湾語] 我**想欲**買厝。
Góa siūⁿ-beh bé chhù
グァ シュゥン ベッ ベ ツゥ

おいしいものを食べたいです。

[台湾華語] 我**想**吃好吃的。
Wǒ xiǎng chī hǎo chī de
ウォ シャン ツ ハウ ツ ダ

[台湾語] 我**想欲**食好料。
Góa siūⁿ-beh chiáh hó-liāu
グァ シュゥン ベッ ジャッ ホ リャウ

応 用

●否定パターン●

台湾華語 『不』を『想』の前につけるだけ！

主語 ＋ 不 ＋ 想 ＋ 動詞 ～ 。

台湾語 『無』を『想欲』の前につけるだけ！

主語 ＋ 無 ＋ 想欲 ＋ 動詞 ～ 。

映画を観たくありません。

台湾華語 **我不想看電影。**
Wǒ bù xiǎng kàn diàn yǐng
ウォ ブ シャン カンディェンイン

台湾語 **我無想欲看電影。**
Góa bô siūⁿ-beh khòaⁿ tiān-iáⁿ
グァ ボ シュゥンベッ クァンデンヤン

●疑問パターン●

台湾華語 文末に『嗎』をつけるだけ！

主語 ＋ 想 ＋ 動詞 ～ 嗎 ？

台湾語 『有』を『想欲』の前に、文末に『無』をつけるだけ！

主語 ＋ 有 ＋ 想欲 ＋ 動詞 ～ 無 ？

映画を観たいですか？

台湾華語 **你想看電影嗎？**
Nǐ xiǎng kàn diàn yǐng mā
ニ シャン カンディェンイン マ

台湾語 **你有想欲看電影無？**
Lí ū siūⁿ-beh khòaⁿ tiān-iáⁿ--bô
リ ウ シュゥンベッ クァンデンヤン ボ

~したいです／主語＋想＋動詞

😃 応用パターンで言ってみよう!

家に帰りたくありません。

[台湾華語] 我**不想**回家。
Wǒ bù xiǎng huí jiā
ウォ ブ シャンホェイジャ

[台湾語] 我**無想欲**轉去厝。
Góa bô siūⁿ-beh tńg-khì chhù
グァ ボ シュゥンベッデン キ ツゥ

街をブラブラしに行きたいですか？

[台湾華語] 你**想**去逛街**嗎**？
Nǐ xiǎng qù guàng jiē mā
ニ シャンチュィ グァンジェイ マ
＊『逛街』街をブラブラする

[台湾語] 你**有想欲**去踅街**無**？
Lí ū siūⁿ-beh khì se̍h-ke--bô
リ ウ シュゥンベッ キ セッゲ ボ

⚠ これも知っておこう!

疑問詞の「どのように、どうやって」を使って、質問文を作ってみましょう。

どうしてほしいですか？

[台湾華語] 你**想**怎樣？
Nǐ xiǎng zěn yàng
ニ シャン ゼンヤン

[台湾語] 你**想欲**按怎？
Lí siūⁿ-beh án-chóaⁿ
リ シュゥンベッ アンズゥァン

9 ～するつもりです

主語 ＋打算＋ 動詞

基本フレーズ

我**打算**去台灣旅行。
Wǒ dǎ suàn qù Tái wān lǚ xíng
ウォ ダ スゥァンチュィ タイ ワン リュィ シン

台湾に旅行に行くつもりです。

こんなときに使おう!
「今度の休みはどうする？」と聞かれて…

『 主語 ＋打算＋ 動詞 』は「 主語 は～するつもりである」という、実行するしないに関わらず、計画や考えを表す表現です。『打算』は動詞の前におきます。

基本パターン

[台湾華語] 主語 ＋ 打算 ＋ 動詞 ～ 。

[台湾語] 主語 ＋ 拍算／按算 ＋ 動詞 ～ 。

＊『拍算～』『按算～』の２通りの言い方があります。意味は同じです。

基本パターンで言ってみよう！

海外に留学するつもりです。

[台湾華語] 我打算出國進修。
Wǒ dǎ suàn chū guó jìn xiū
ウォ ダ スゥァン ツゥ グゥォ ジン シォ

[台湾語] 我 拍算 出國 進修。
Góa phah-sǹg chhut-kok chìn-siu
グァ パッセン ツゥッゴッ ジンシュ

台湾に残るつもりです。

[台湾華語] 我打算留在台灣。
Wǒ dǎ suàn liú zài Tái wān
ウォ ダ スゥァン リョウ ザイ タイ ワン

[台湾語] 我 拍算 留佇台灣。
Góa phah-sǹg lâu tī Tâi-oân
グァ パッセン ラウ ディ ダイ ワン

仕事をやめるつもりです。

[台湾華語] 我打算辭職。
Wǒ dǎ suàn cí zhí
ウォ ダ スゥァン ツ ズ

[台湾語] 我 拍算 辭頭路。
Góa phah-sǹg sî-thâu-lō͘
グァ パッセン シ タウ ロッ

応 用

●否定パターン●

[台湾華語] 『不』を『打算』の前につけるだけ！

主語 ＋ 不 ＋ 打算 ＋ 動詞 ～ 。

[台湾語] 『無』を『拍算』の前につけるだけ！

主語 ＋ 無 ＋ 拍算 ＋ 動詞 ～ 。

台湾に旅行に行くつもりはありません。

[台湾華語] 我不打算去台灣旅行。
Wǒ bù dǎ suàn qù Tái wān lǚ xíng
ウォ ブ ダ スゥァンチュイ タイ ワン リュィ シン

[台湾語] 我無拍算去台灣旅行。
Góa bô phah-sǹg khì Tâi-oân lú-hêng
グァ ボ パッセン キ ダイワン ル ヒン

●疑問パターン●

[台湾華語] 『有』を『打算』の前に、文末に『嗎』をつけるだけ！

主語 ＋ 有 ＋ 打算 ＋ 動詞 ～ 嗎 ？

[台湾語] 『有』を『拍算』の前に、『欲』を『拍算』の後ろに、文末に『無』をつけるだけ！

主語 ＋ 有 ＋ 拍算 ＋ 欲 ＋ 動詞 ～ 無 ？

台湾に旅行に行くつもりですか？

[台湾華語] 你有打算去台灣旅行嗎？
Nǐ yǒu dǎ suàn qù Tái wān lǚ xíng mā
ニ ヨ ダ スゥァンチュイ タイ ワン リュィ シン マ

[台湾語] 你有拍算欲去台灣旅行無？
Lí ū phah-sǹg beh khì Tâi-oân lú-hêng--bô
リ ウ パッセンベッ キ ダイワン ル ヒン ボ

52

~するつもりです／主語＋打算＋動詞

😃 応用パターンで言ってみよう!

説明するつもりはありません。

台湾華語 我**不打算**解釋。
Wǒ bù dǎ suàn jiě shì
ウォ ブ ダ スゥァンジェス

台湾語 我**無拍算欲**解說。
Góa bô phah-sǹg beh kái-soeh
グァ ボ パッセンベッ ガイセッ

結婚するつもりですか？

台湾華語 你**有打算**結婚**嗎**？
Nǐ yǒu dǎ suàn jié hūn mā
ニ ヨ ダ スゥァンジェフン マ

台湾語 你**有拍算欲**結婚**無**？
Lí ū phah-sǹg beh kiat-hun--bô
リ ウ パッセンベッ ゲッフン ボ

⚠️ これも知っておこう!

台湾華語の『打算』の前に『沒』をつけると、「そのようなつもりはない」という意味になります。

台湾に旅行に行くつもりはありません。

台湾華語 我**沒打算**去台灣旅行。
Wǒ méi dǎ suàn qù Tái wān lǚ xíng
ウォメイ ダ スゥァンチュィタイワンリュィシン
＊「台湾に行くつもりはない（他の所に行くつもり）」というニュアンス。

台湾語 我**無拍算欲**去台灣旅行。
Góa bô phah-sǹg beh khì Tâi-oân lú-hêng
グァ ボ パッセンベッ キ ダイワン ル ヒン

10 ～しなければなりません

主語 ＋ 要 ＋ 動詞

基本フレーズ

我今天要加班。
Wǒ jīn tiān yào jiā bān
ウォ ジンティェンヤウ ジャ バン

今日、残業しなければならないの。

こんなときに使おう！

「今夜ひま？」と聞かれて…

『主語＋要＋動詞』は「主語は～しなければならない」という、必要や義務を表す表現です。『要』はここでは助動詞として働き、必ず動詞の前におきます。

基本パターン

台湾華語　　主語 ＋ 要 ＋ 動詞 ～ 。

台湾語　　　主語 ＋ 愛 ＋ 動詞 ～ 。

基本パターンで言ってみよう!

ちゃんと勉強するんだよ。

[台湾華語] 你要好好唸書。
Nǐ yào hǎo hǎo niàn shū
ニ ヤウ ハウ ハウ ニェンスゥ

[台湾語] 你愛好好仔讀冊。
Lí ài hó-hó-á tha̍k-chheh
リ アイ ホ ホ ア タッツェッ

早く寝るんだよ。

[台湾華語] 你要早點睡覺。
Nǐ yào zǎo diǎn shuì jiào
ニ ヤウ ザウ ディェンスゥェ ジャウ

[台湾語] 你愛較早睏咧。
Lí ài khah-chá khùn--leh
リ アイ カッ ザ クンレッ

食事の前に手を洗わなければなりません。

[台湾華語] 吃飯前要洗手。
Chī fàn qián yào xǐ shǒu
ツ ファンチェンヤウ シ ソウ

[台湾語] 食飯前愛洗手。
Chia̍h-pn̄g chêng ài sé-chhiú
ジャッペン ジンアイ セ チュウ

応 用

●否定パターン●

[台湾華語] 『要』の反対語の『不用』を使用。

主語 ＋ 不用 ＋ 動詞 ～ 。

[台湾語] 『愛』の反対語の『免』を使用。

主語 ＋ 免 ＋ 動詞 ～ 。

今日、残業しなくてもいい。

[台湾華語] 我今天不用加班。
Wǒ jīn tiān bú yòng jiā bān
ウォ ジンティエン ブ ヨン ジャ バン

[台湾語] 我今仔日免加班。
Góa kin-á-jit bián ka-pan
グァ ギン ア ジッ ビェン ガ バン

●疑問パターン●

[台湾華語] 文末に『嗎』をつけるだけ！

主語 ＋ 要 ＋ 動詞 ～ 嗎 ？

[台湾語] 文末に『無』をつけるだけ！

主語 ＋ 愛 ＋ 動詞 ～ 無 ？

今日、残業しなければならないの？

[台湾華語] 你今天要加班嗎？
Nǐ jīn tiān yào jiā bān mā
ニ ジンティエンヤウ ジャ バン マ

[台湾語] 你今仔日愛加班無？
Lí kin-á-jit ài ka-pan--bô
リ ギン ア ジッ アイ ガ バン ボ

56

〜しなければなりません／主語＋要＋動詞

応用パターンで言ってみよう！

今日は出かけなくてもいい。

[台湾華語] 我今天**不用**出門。
Wǒ jīn tiān bú yòng chū mén
ウォ ジンティェン ブ ヨンツゥメン

[台湾語] 我今仔日**免** 出門。
Góa kin-á-jit bián chhut-mn̂g
グァ ギン ア ジッ ビェン ツゥッモン

明日、早起きしなければならないの？

[台湾華語] 明天你**要**早起**嗎**？
Míng tiān nǐ yào zǎo qǐ mā
ミン ティェン ニ ヤウザウ チ マ

[台湾語] 明仔載你**愛**真早起來**無**？
Bîn-á-chài lí ài chin-chá khí--lâi-bô
ビン ア ザイ リ アイジン ザ キ ライ ボ

＊台湾語で重要な軽声表記「--」。漢字の間で明記すると主張する流派もある。例「明仔載你愛真早起--來--無？」

これも知っておこう！

疑問詞の「いつ」「どこ」「何」「誰」などと一緒に使う場合は、文末では『嗎』『無』ではなく『呢』『咧』を使います。

何時に行かなければならないの？

[台湾華語] 你幾點**要**走**呢**？
Nǐ jǐ diǎn yào zǒu ne
ニ ジ ティェンヤウゾウ ナ

[台湾語] 你幾點**欲**走**咧**？
Lí kúi-tiám beh cháu--leh
リ グィディァムベッ ザウレッ

11 〜できます ①

主語 ＋ 會 ＋ 動詞

基本フレーズ

我**會**說英文。
Wǒ huì shuō Yīng wén
ウォ ホェイスゥォイン ウン

私は英語を話せます。

こんなときに使おう!
英語を話せるかどうか聞かれたときに…

『 主語 ＋會＋ 動詞 』は「 主語 は〜できる」という表現です。『會』は必ず動詞の前におきます。

基本パターン

台湾華語　主語 ＋ 會 ＋ 動詞 〜 。

台湾語　　主語 ＋ 會曉 ＋ 動詞 〜 。

基本パターンで言ってみよう!

料理をすることができます。

[台湾華語] 我會做飯。
Wǒ huì zuò fàn
ウォホェイズゥォファン

[台湾語] 我會曉煮飯。
Góa ē-hiáu chú-pn̄g
グァ エ ヒャウズゥ ペン

中国語の入力ができます。

[台湾華語] 我會中文輸入。
Wǒ huì Zhōng wén shū rù
ウォホェイ ゾン ウンスゥル

[台湾語] 我會曉中文輸入。
Góa ē-hiáu Tiong-bûn su-jip
グァ エ ヒャウディオンブンスゥジップ

バイクに乗ることができます。

[台湾華語] 我會騎摩托車。
Wǒ huì qí mó tuō chē
ウォホェイ チ ムォトゥォツェ

[台湾語] 我會曉騎 o͘-tó-bái。
Góa ē-hiáu khiâ o͘-tó-bái
グァ エ ヒャウキャ オ ド バイ

Ⅰ これだけは!! 絶対覚えたい重要パターン21

応 用

● 否定パターン ●

[台湾華語] 『不』を『會』の前につけるだけ！

主語 ＋ 不 ＋ 會 ＋ 動詞 ～ 。

[台湾語] 『袂』を『曉』の前につけるだけ！（『會』を省略）

主語 ＋ 袂 ＋ 曉 ＋ 動詞 ～ 。

私は英語を話せません。

[台湾華語] 我不會說英文。
Wǒ bú huì shuō Yīng wén
ウォ ブ ホェイスゥォ イン ウン

[台湾語] 我袂曉講英語。
Góa bē-hiáu kóng Eng-gí
グァ ベ ヒャウ ゴン イン ギ

● 疑問パターン ●

[台湾華語] 文末に『嗎』をつけるだけ！

主語 ＋ 會 ＋ 動詞 ～ 嗎 ？

[台湾語] 文末に『無』をつけるだけ！

主語 ＋ 會曉 ＋ 動詞 ～ 無 ？

あなたは英語を話せますか？

[台湾華語] 你會說英文嗎？
Nǐ huì shuō Yīng wén mā
ニ ホェイスゥォ イン ウン マ

[台湾語] 你會曉講英語無？
Lí ē-hiáu kóng Eng-gí--bô
リ エ ヒャウ ゴン イン ギ ボ

~できます①／主語＋會＋動詞

応用パターンで言ってみよう!

私はパソコン（の操作）ができません。

[台湾華語] 我**不會**打電腦。
Wǒ bú huì dǎ diàn nǎo
ウォ ブ ホェイ ダ ディェンナウ

[台湾語] 我**袂曉**拍電腦。
Góa bē-hiáu phah tiān-náu
グァ ベ ヒャウパッデン ナウ

あなたは車を運転できますか？

[台湾華語] 你**會**開車**嗎**？
Nǐ huì kāi chē mā
ニ ホェイカイツェ マ

[台湾語] 你**會曉**駛車**無**？
Lí ē-hiáu sái-chhia--bô
リ エ ヒャウサイチャ ボ

これも知っておこう!

疑問詞の「何」を使って、質問文を作ってみましょう。

あなたは何ができるの？

[台湾華語] 你**會**什麼？
Nǐ huì shén me
ニ ホェイセン モ

[台湾語] 你**會曉**啥物？
Lí ē-hiáu siáⁿ-mih
リ エ ヒャウシャンミッ

12 ～できます②

主語 + 敢 + 動詞

基本フレーズ

我敢吃生的。
Wǒ gǎn chī shēng de
ウォ ガン ツ センダ

私は生ものを食べられます。

こんなときに使おう!
「刺し身を食べられる？」と聞かれて…

『 主語 + 敢 + 動詞 』は「 主語 は～できる」という表現です。①「～する勇気がある」、②「～と判断する自信がある」の意味があります。『敢』は必ず動詞の前におきます。

基本パターン

台湾華語	主語 + 敢 + 動詞 ～ 。
台湾語	主語 + 敢 + 動詞 ～ 。

基本パターンで言ってみよう!

一人で帰れます。

[台湾華語] 我敢一個人回家。
Wǒ gǎn yí ge rén huí jiā
ウォガン イ ガ レンホェイジャ
＊「一人でも怖くない」というニュアンス。

[台湾語] 我敢一个人轉去厝。
Góa káⁿ chit-ê lâng tńg-khì chhù
グァ ガンジッ エ ランデン キ ツゥ

シャンツァイを食べられます。

[台湾華語] 我敢吃香菜。
Wǒ gǎn chī xiāng cài
ウォガン ツ シャンツァイ
＊苦手な人が多いようですが「自分は平気よ」というニュアンス。

[台湾語] 我敢 食芫荽。
Góa káⁿ chiàh iân-sui
グァ ガン ジャッエンスイ

誓ってもいい。

[台湾華語] 我敢發誓。
Wǒ gǎn fā shì
ウォガンファ ス
＊「絶対うそを言っていない」という意味合いがある。

[台湾語] 我敢咒誓。
Góa káⁿ chiù-chōa
グァ ガン ジュズゥァ

応 用

● 否定パターン ●

[台湾華語] 『不』を『敢』の前につけるだけ！

主語 ＋ 不 ＋ 敢 ＋ 動詞 〜 。

[台湾語] 『毋』を『敢』の前につけるだけ！

主語 ＋ 毋 ＋ 敢 ＋ 動詞 〜 。

私は生ものを食べられません。

[台湾華語] 我不敢吃生的。
Wǒ bù gǎn chī shēng de
ウォ ブ ガン ツ センダ

[台湾語] 我毋敢食生的。
Góa m̄-káⁿ chia̍h chheⁿ--ê
グァ ム ガンジャッチイン エ

● 疑問パターン ●

[台湾華語] 文末に『嗎』をつけるだけ！

主語 ＋ 敢 ＋ 動詞 〜 嗎 ？

[台湾語] 文末に『無』をつけるだけ！

主語 ＋ 敢 ＋ 動詞 〜 無 ？

あなたは生ものを食べられますか？

[台湾華語] 你敢吃生的嗎？
Nǐ gǎn chī shēng de mā
ニ ガン ツ センダ マ

[台湾語] 你敢食生的無？
Lí káⁿ chia̍h chheⁿ--ê-bô
リ ガンジャッチイン エ ボ

~できます②／主語＋敢＋動詞

応用パターンで言ってみよう！

言えません。

台湾華語 我**不敢**說。
Wǒ bù gǎn shuō
ウォ ブ ガンスゥオ

台湾語 我**毋**敢講。
Góa m̄-káⁿ kóng
グァ ム ガンゴン

＊「怖くて言えない」というニュアンス。

台湾で運転できますか？

台湾華語 你**敢**在台灣開車**嗎**？
Nǐ gǎn zài Tái wān kāi chē mā
ニ ガンザイタイワンカイツェ マ

台湾語 你**敢**佇台灣駛車**無**？
Lí káⁿ tī Tâi-oân sái-chhia--bô
リ ガンディダイワンサイチャイ ボ

＊「台湾で車を運転する勇気があるかどうか」というニュアンス。

これも知っておこう！

台湾華語の『敢』の肯定と否定を並べて『敢不敢～』で疑問形を作ります。そのとき文末に『嗎』をつけません。代わりに『呢』をつけることもありますが、口語では省略することも多いです。

あなたは生ものを食べられますか？

台湾華語 你**敢不敢**吃生的（呢）？
Nǐ gǎn bù gǎn chī shēng de (ne)
ニ ガン ブ ガン ツ センダ （ナ）

台湾語 你**敢敢**食生的？
Lí kám káⁿ chiah chheⁿ--ê
リ ガムガンジャッチイン エ

＊疑問詞としての『敢』は「kám」、できるかどうかの『敢』は「káⁿ」

13 ～するのが上手です

主語 ＋ 很會 ＋ 動詞

基本フレーズ

她**很會**做菜。
Tā hěn huì zuò cài
タ　ヘン ホェイ ズォ ツァイ

彼女は料理が得意です。

こんなときに使おう!
「彼女は何が得意？」と聞かれて…

『 主語 ＋很會＋ 動詞 』は「 主語 は～するのが上手である」「 主語 は～するのが得意である」という表現です。『很會』は必ず動詞の前におきます。

基本パターン

台湾華語　　主語 ＋ 很會 ＋ 動詞 ～ 。

台湾語　　　主語 ＋ 真勢 ＋ 動詞 ～ 。

＊『真』と同じ使い方の副詞『誠』（chiâⁿ）もよく使われます。
『勢』は「上手」という意味です。

基本パターンで言ってみよう!

私は絵を描くのが得意です。

[台湾華語] 我**很會**畫畫。
Wǒ hěn huì huà huà
ウォ ヘン ホェイ ホァ ホァ

[台湾語] 我**真勢**畫圖。
Góa chin gâu ōe-tô͘
グァ ジン ガウ ウェ ド

彼は商売上手です。

[台湾華語] 他**很會**做生意。
Tā hěn huì zuò shēng yì
タ ヘン ホェイ ズォ セン イ

[台湾語] 伊**真勢**做生理。
I chin gâu chò-seng-lí
イ ジン ガウ ゾウ シン リ

彼は金儲けが上手です。

[台湾華語] 他**很會**賺錢。
Tā hěn huì zuàn qián
タ ヘン ホェイ ズァン チェン

[台湾語] 伊**真勢**趁錢。
I chin gâu thàn-chîⁿ
イ ジン ガウ タン ジン

応 用

●否定パターン●

|台湾華語| 『很』と『會』の間に『不』を入れるだけ！

主語 ＋ 很 ＋ 不 ＋ 會 ＋ 動詞 〜 。

|台湾語| 『勢』（上手）の反対語の『頇顢』（下手）を使用。

主語 ＋ 真 ＋ 頇顢 ＋ 動詞 〜 。

彼女は料理が得意ではない（下手です）。

|台湾華語| 她**很不會**做菜。
Tā hěn bú huì zuò cài
タ ヘン ブ ホェイ ズォ ツァイ

|台湾語| 伊**真頇顢**煮食。
I chin han-bān chú-chiáh
イ ジン ハン バン ズゥ ジャッ

●疑問パターン●

|台湾華語| 文末に『嗎』をつけるだけ！

主語 ＋ 很會 ＋ 動詞 〜 嗎 ？

|台湾語| 『敢』を『真勢』の前につけるだけ！

主語 ＋ 敢 ＋ 真勢 ＋ 動詞 〜 ？

彼女は料理が得意ですか？

|台湾華語| 她**很會**做菜**嗎**？
Tā hěn huì zuò cài mā
タ ヘン ホェイ ズォ ツァイ マ

|台湾語| 伊**敢真勢**煮食？
I kám chin gâu chú-chiáh
イ ガム ジン ガウ ズゥ ジャッ

~するのが上手です／主語＋很會＋動詞

応用パターンで言ってみよう！

私は勉強が得意ではない。

台湾華語 我很不會唸書。
Wǒ hěn bú huì niàn shū
ウォヘン ブ ホェイニェンスゥ

台湾語 我真頇顢讀冊。
Góa chin han-bān thák-chheh
グァ ジン ハン バン タッツェッ

彼は商売上手ではない。

台湾華語 他很不會做生意。
Tā hěn bú huì zuò shēng yì
タ ヘン ブ ホェイズゥォ セン イ

台湾語 伊真頇顢做生理。
I chin han-bān chò-seng-lí
イ ジン ハン バン ゾウ シン リ

あなたは歌うのが得意ですか？

台湾華語 你很會唱歌嗎？
Nǐ hěn huì chàng gē mā
ニ ヘンホェイツァン ガ マ

台湾語 你敢真勢唱歌？
Lí kám chin gâu chhiùⁿ-koa
リ ガム ジン ガウ チュゥンガァ

14 ～してもよいです

主語 ＋ 可以 ＋ 動詞

基本フレーズ

(你)可以拍照。
(Nǐ) kě yǐ pāi zhào
(ニー) カ イ パイ ザウ

写真を撮ってもよいです。

こんなときに使おう！

撮影してもよいか聞かれたときに…

『 主語 ＋可以＋ 動詞 』は「 主語 は～してもよい」という許可の表現です。『可以』は必ず動詞の前におきます。

基本パターン

[台湾華語] 主語 ＋ 可以 ＋ 動詞 ～ 。

[台湾語] 主語 ＋ 會使／會當 ＋ 動詞 ～ 。

＊「會使」「會當」の2通りの言い方があります。意味は同じです。

基本パターンで言ってみよう!

参加してもよいです。

[台湾華語] 你**可以**参加。
Nǐ kě yǐ cān jiā
ニ カ イ ツァンジャ

[台湾語] 你**會使**参加。
Lí ē-sái chham-ka
リ エ サイ ツァム ガ

私のを使ってもいいですよ。

[台湾華語] 你**可以**用我的啊。
Nǐ kě yǐ yòng wǒ de a
ニ カ イ ヨンウォ ダ ア

[台湾語] 你**會使**用我的啊。
Lí ē-sái ēng góa ê ah
リ エ サイ イングァ エ アッ

＊『用』は口語では「ヨン」と発音することが多い。

(ここに)残ってもいいですよ。

[台湾華語] 你**可以**留下來啊。
Nǐ kě yǐ liú xià lái a
ニ カ イ リョウシャライ ア

[台湾語] 你**會使**留落來啊。
Lí ē-sái lâu--lo̍h-lâi ah
リ エ サイ ラウロッライアッ

応用

●否定パターン●

[台湾華語] 『不』を『可以』の前につけるだけ！

不 + 可以 + 動詞 ～ 。

[台湾語] 『會使／會當』の代わりに『袂使』を動詞の前につけるだけ！

袂使 + 動詞 ～ 。

写真を撮ってはいけません。

[台湾華語] **不可以**拍照。
Bù kě yǐ pāi zhào
ブ カ イ パイザウ

[台湾語] **袂使**翕相。
Bē-sái hip-siòng
ベ サイ ヒップション

●疑問パターン●

[台湾華語] 文末に『嗎』をつけるだけ！

可以 + 動詞 ～ **嗎** ？

[台湾語] 文末に『無』をつけるだけ！

會使／會當 + 動詞 ～ **無** ？

写真を撮ってもよいですか？

[台湾華語] 可以拍照**嗎**？
Kě yǐ pāi zhào mā
カ イ パイザウ マ

[台湾語] **會使**翕相**無**？
Ē-sái hip-siòng--bô
エ サイ ヒップション ボ

~してもよいです／主語＋可以＋動詞

😊 応用パターンで言ってみよう！

授業中、携帯電話をいじってはいけません。

台湾華語 上課**不可以**玩手機。
Shàng kè bù kě yǐ wán shǒu jī
サン カ ブ カ イ ワンソウ ジ

台湾語 上課**袂使**耍手機仔。
Siōng-khò bē-sái sńg chhiú-ki-á
ション コ ベ サイスン チゥ ギ ア

クレジットカードを使ってもいいですか？

台湾華語 **可以**刷卡嗎？
Kě yǐ shūa kǎ mā
カ イ スゥア カ マ

台湾語 **會使**使用信用卡無？
Ē-sái sú-iōng sìn-iōng-khah--bô
エ サイスウヨンシンヨンカッ ボ

⚠ これも知っておこう！

『可以』の肯定と否定を並べて『可以不可以』で疑問形を作ります。（略した『可不可以』のほうが一般的です。）

先に帰ってもいいですか？

台湾華語 我**可不可以**先回家？
Wǒ kě bù kě yǐ xiān huí jiā
ウォカ ブ カ イ シェンホェイジャ

台湾語 我**敢會使**先轉去厝？
Góa kám ē-sái seng tńg-khì chhù
グァ ガム エ サイ シンデン キ ツゥ

15 ～しています

主語 ＋ 在 ＋ 動詞

基本フレーズ

我在唸書。
Wǒ zài niàn shū
ウォ ザイ ニェンスゥ

私は勉強しています。

こんなときに使おう！

「何をしているの？」と聞かれて…

『 主語 ＋在＋ 動詞 』は「 主語 は～しています」という表現です。『在』は必ず動詞の前におきます。

基本パターン

台湾華語	主語 ＋ 在 ＋ 動詞 ～ 。
台湾語	主語 ＋ 咧 ＋ 動詞 ～ 。

基本パターンで言ってみよう！

仕事しています。

[台湾華語] 我**在**工作。
Wǒ zài gōng zuò
ウォ ザイ ゴン ズゥォ

[台湾語] 我**咧**做工課。
Góa teh chò khang-khòe
グァ デッ ゾ カンクェ

電話中です（電話しています）。

[台湾華語] 我**在**講電話。
Wǒ zài jiǎng diàn huà
ウォ ザイ ジャン ディェン ホァ

[台湾語] 我**咧**講電話。
Góa teh kóng tiān-ōe
グァ デッ ゴン デン ウェ

トイレに入っています。

[台湾華語] 我**在**上廁所。
Wǒ zài shàng cè suǒ
ウォ ザイ サン ツェ スォ

[台湾語] 我**咧**便所。
Góa teh piān-só͘
グァ デッ ペン ソ

75

応 用

●否定パターン●

[台湾華語]『沒』を『在』の前につけるだけ！

主語 ＋ 沒 ＋ 在 ＋ 動詞 ～ 。

[台湾語]『無』を『咧』の前につけるだけ！

主語 ＋ 無 ＋ 咧 ＋ 動詞 ～ 。

私は勉強していません。

[台湾華語] 我沒在唸書。
Wǒ méi zài niàn shū
ウォ メイ ザイ ニェン スゥ

[台湾語] 我無咧讀冊。
Góa bô teh thák-chheh
グァ ボ デッ タッツェ

●疑問パターン●

[台湾華語] 文末に『嗎』をつけるだけ！

主語 ＋ 在 ＋ 動詞 ～ 嗎 ？

[台湾語]『敢』を『咧』の前につけるだけ！

主語 ＋ 敢 ＋ 咧 ＋ 動詞 ～ ？

あなたは勉強していますか？

[台湾華語] 你在唸書嗎？
Nǐ zài niàn shū mā
ニ ザイ ニェン スゥ マ

[台湾語] 你敢咧讀冊？
Lí kám teh thák-chheh
リ ガム デッ タッツェ

〜しています／主語＋在＋動詞

応用パターンで言ってみよう!

テレビを観ていません。

[台湾華語] 我沒在看電視。
Wǒ méi zài kàn diàn shì
ウォメイザイカンディェン ス

[台湾語] 我無咧看電視。
Góa bô teh khòaⁿ tiān-sī
グァ ボ デッ クァンデン ス

怒っているのですか？

[台湾華語] 你在生氣嗎？
Nǐ zài shēng qì mā
ニ ザイセン チ マ

[台湾語] 你敢咧受氣？
Lí kám teh siū-khì
リ ガムデッシュ キ

これも知っておこう！

「何をする」を使って、質問文を作ってみましょう。

何をしているの？

[台湾華語] 你在幹嘛？
Nǐ zài gàn má
ニ ザイガン マ

＊『幹嘛』は『幹什麼』の略

[台湾語] 你咧 創啥？
Lí teh chhòng-siáⁿ
リ デッ ツォンシャン

16 ～しました

主語 + 動詞 + 了

基本フレーズ

我看了。
Wǒ kàn le
ウォ カン ラ

見たよ。

こんなときに使おう！
「昨夜のテレビ番組を見た？」と聞かれて…

　文末に『動詞＋了』がくる場合は完成、過去を表します。しかし、過去形に必ず『了』がつくわけではありません。『了』がつくからと言って、必ず過去形というわけでもありません。

　英語や日本語のような活用や変化はありませんので、時間副詞（「昨日」「今日」「明日」など）を使って時制を表します。

基本パターン

| 台湾華語 | 主語 ＋ 動詞 ＋ 了 。|
| 台湾語 | 主語 ＋ 動詞 ＋ 矣 。|

基本パターンで言ってみよう!

彼は出発したよ。

[台湾華語] 他出發了。
Tā chū fā le
タ ツゥ ファ ラ

[台湾語] 伊出發矣。
I chhut-hoat--ah
イ ツゥッホァッアッ

彼女は仕事をやめた。

[台湾華語] 她辭職了。
Tā cí zhí le
タ ツ ズ ラ

[台湾語] 伊辭頭路矣。
I sî-thâu-lō--ah
イ シ タウ ロ アッ

彼氏ができたわ。

[台湾華語] 我交到男朋友了。
Wǒ jiāo dào nán péng yǒu le
ウォ ジャウ ダウ ナン ポン ヨ ラ
＊「彼女」は『女朋友』(nǚ péng yǒu)。

[台湾語] 我交著男朋友矣。
Góa kau-tio̍h lâm-pêng-iú--ah
グァ ガウディオッ ラム ピン ユ アッ

79

応 用

● 否定パターン ●

台湾華語 『了』を取って、『沒』を動詞の前につけるだけ！

主語 ＋ 沒 ＋ 動詞 ～ 。

台湾語 『矣』を取って、『無』を動詞の前につけるだけ！

主語 ＋ 無 ＋ 動詞 ～ 。

見ていない。

台湾華語 我沒看。
Wǒ méi kàn
ウォメイカン

台湾語 我無看。
Góa bô khòaⁿ
グァ ボ クァン

● 疑問パターン ●

台湾華語 文末に『嗎』をつけるだけ！

主語 ＋ 動詞 ＋ 了 ＋ 嗎 ？

台湾語 『敢』を動詞の前につけるだけ！

主語 ＋ 敢 ＋ 動詞 ＋ 矣 ？

見たの？

台湾華語 你看了嗎？
Nǐ kàn le mā
ニ カン ラ マ

台湾語 你敢看矣？
Lí kám khòaⁿ--ah
リ ガム クァンアッ

~しました／主語＋動詞＋了

😊 応用パターンで言ってみよう!

彼に連絡していないよ。

[台湾華語] 我沒聯絡他。
Wǒ méi lián luò tā
ウォメイリェンルォ タ

[台湾語] 我無連絡伊。
Góa bô liân-lȯk--i
グァ ボ レンロッ イ

日本に帰っていないよ。

[台湾華語] 我沒回日本。
Wǒ méi huí Rì běn
ウォメイホェ リ ベン　　＊口語で「ズベン」とも言う。

[台湾語] 我無轉去日本。
Góa bô tńg-khì Ji̍t-pún
グァ ボ デン キ ジップン

夏休み、実家に帰った？

[台湾華語] 你暑假回家了嗎？
Nǐ shǔ jià huí jiā le mā
ニ スゥジャホェジャ ラ マ

[台湾語] 你歇熱敢有轉去厝？
Lí hioh-joa̍h kám ū tńg-khì chhù
リ ヒョッズゥァッ ガム ウ デン キ ツゥ

81

17 もう〜しました

主語 + 動詞 + 過了

基本フレーズ

我看過了。
Wǒ kàn guò le
ウォ カン グォ ラ

もう見たよ。

こんなときに使おう!
「あの資料を見た？」と聞かれて…

『主語+(已經+)動詞+過了』は「主語はもう〜しました」という完了表現です。『過了』は必ず動詞の後ろにおきます。『已經』は強調されるときに使いますが、省略されることも多いです。

基本パターン

台湾華語	主語 + 動詞 + 過了 。
台湾語	主語 + 動詞 + 過矣 。

基本パターンで言ってみよう!

もう考えたよ。

[台湾華語] **我考慮過了。**
Wǒ kǎo lǜ guò le
ウォカウリュィグォ ラ
＊『考慮』は日本語の「考慮する」と違って「熟慮する」に近い。

[台湾語] **我考慮過矣。**
Góa khó-lū--kòe-ah
グァ コ ル グェアッ

もうやってみたわ。

[台湾華語] **我試過了。**
Wǒ shì guò le
ウォ ス グォ ラ

[台湾語] **我試過矣。**
Góa chhì--kòe-ah
グァ チ グェアッ

もう聞いてみたよ。

[台湾華語] **我問過了。**
Wǒ wèn guò le
ウォウングォ ラ

[台湾語] **我問過矣。**
Góa mñg--kòe-ah
グァ モン グェアッ

応用

●否定パターン●

|台湾華語| 『還沒』（まだ）を動詞の前につける。文末の『過了』は脱落。

主語 ＋ 還沒 ＋ 動詞 ～ 。

|台湾語| 『猶未』（まだ）を動詞の前につける。文末の『過矣』は脱落。

主語 ＋ 猶未 ＋ 動詞 ～ 。

まだ見ていないよ。

|台湾華語| 我還沒看。
Wǒ hái méi kàn
ウォハイメイカン

|台湾語| 我猶未看。
Góa iáu-bōe khòaⁿ
グァヤウ ベ クァン

●疑問パターン●

|台湾華語| 文末に『嗎』をつけるだけ！

主語 ＋ 動詞 ＋ 過了 ＋ 嗎 ？

|台湾語| 『敢』を動詞の前につけるだけ！

主語 ＋ 敢 ＋ 動詞 ＋ 過矣 ？

もう見たの？

|台湾華語| 你看過了嗎？
Nǐ kàn guò le mā
ニ カングォ ラ マ

|台湾語| 你敢看過矣？
Lí kám khòaⁿ--kòe-ah
リ ガムクァングェアッ

もう〜しました／主語＋動詞＋過了

応用パターンで言ってみよう!

まだ食べていない。

[台湾華語] 我還沒吃。
Wǒ hái méi chī
ウォ ハイメイ ツ

[台湾語] 我猶未食。
Góa iáu-bōe chia̍h
グァ ヤウ ベ ジャッ

まだ電話していない。

[台湾華語] 我還沒打電話。
Wǒ hái méi dǎ diàn huà
ウォ ハイメイ ダ ディェンホァ

[台湾語] 我猶未敲電話。
Góa iáu-bōe khà tiān-ōe
グァ ヤウ ベ カ デンウェ

もう聞いてみたの？

[台湾華語] 你問過了嗎？
Nǐ wèn guò le mā
ニ ウングォ ラ マ

[台湾語] 你敢問過矣？
Lí kám mn̄g--kòe-ah
リ ガム モン グェ アッ

18 ～したことがあります

主語 + 動詞 + 過

基本フレーズ

我去過台灣。
Wǒ qù guò Tái wān
ウォ チュィ グォ タイ ワン

私は台湾に行ったことがあります。

こんなときに使おう！
「台湾に行ったことはある？」と聞かれて…

『主語 + 動詞 + 過～』は『主語は～したことがある』という表現で、過去の経験を表します。『過』は必ず動詞のすぐ後におきます。

基本パターン

台湾華語   主語 ＋ 動詞 ＋ 過 ～ 。

台湾語   主語 ＋ 有 ＋ 動詞 ＋ 過 ～ 。

＊『有』が動詞の前に、『過』が動詞の後ろに来ます。

基本パターンで言ってみよう!

台湾ドラマを観たことがあります。

[台湾華語] 我看過台灣連續劇。
Wǒ kàn guò Tái wān lián xù jù
ウォ カン グォ タイ ワン リェン シュィ ジュィ

[台湾語] 我有看過台灣連續劇。
Góa ū khòaⁿ kòe Tâi-oân liân-siòk-kiòk
グァ ウ クァン グェ ダイ ワン レン ショッ ギョッ

レシートの宝くじに当たったことがあります。

＊『統一發票』:台湾ではレシートが宝くじになっている。

[台湾華語] 我中過統一發票。
Wǒ zhòng guò Tǒng yī fā piào
ウォ ゾン グォ トン イ ファ ピャウ

[台湾語] 我有著過統一發票。
Góa ū tiòh kòe Thóng-it hoat-phiò
グァ ウ ディオッ グェ トン イッ ホァッ ピョ

臭豆腐を食べたことがあります。

＊『臭豆腐』:台湾の名物料理。

[台湾華語] 我吃過臭豆腐。
Wǒ chī guò chòu dòu fǔ
ウォ ツ グォ ツォ ドォ フ

[台湾語] 我有食過臭豆腐。
Góa ū chiàh kòe chhàu-tāu-hū
グァ ウ ジャッ グェ ツァウ ダウ フ

Ⅰ これだけは!! 絶対覚えたい重要パターン21

応 用

●否定パターン●

[台湾華語]『沒有』を動詞の前につけるだけ！

主語 ＋ 沒有 ＋ 動詞 ＋ 過 ～ 。

[台湾語]『有』のかわりに『無』を動詞の前につけるだけ！

主語 ＋ 無 ＋ 動詞 ＋ 過 ～ 。

私は台湾に行ったことがありません。

[台湾華語] 我沒有去過台灣。
Wǒ méi yǒu qù guò Tái wān
ウォメイヨウチュィグォタイワン

[台湾語] 我無去過台灣。
Góa bô khì kòe Tâi-oân
グァ ボ キ グェダイワン

●疑問パターン●

[台湾華語] 文末に『嗎』をつけるだけ！

主語 ＋ 動詞 ＋ 過 ～ 嗎 ？

[台湾語]『敢』を『有』の前につけるだけ！

主語 ＋ 敢 ＋ 有 ＋ 動詞 ＋ 過 ～ ？

台湾に行ったことがありますか？

[台湾華語] 你去過台灣嗎？
Nǐ qù guò Tái wān mā
ニ チュィグォタイワン マ

[台湾語] 你敢有去過台灣？
Lí kám ū khì kòe Tâi-oân
リ ガム ウ キ グェダイワン

~したことがあります／主語＋動詞＋過

応用パターンで言ってみよう!

授業をさぼったことはない。

[台湾華語] 我沒有缺過課。
Wǒ méi yǒu quē guò kè
ウォメイヨウチュェグォ カ

[台湾語] 我無偷走課過。
Góa bô thau-cháu-khò--kòe
グァ ボ タウザウ コ グェ

真珠ミルクティーを飲んだことがありますか？

[台湾華語] 你喝過珍珠奶茶嗎？
Nǐ hē guò Zhēn zhū nǎi chá mā
ニ ハ グォ ゼンズゥナイツァ マ

[台湾語] 你敢有啉過珍珠奶茶？
Lí kám ū lim kòe Zhēn zhū nǎi chá
リ ガム ウ リム グェ ゼン ズゥ ナイ ツァ

これも知っておこう!

疑問詞の「どこ」を使って、質問文を作ってみましょう。

台湾のどこに行ったのですか？

（直訳「台湾のどこに行ったことがあるのですか？」）

[台湾華語] 你去過台灣哪裡？
Nǐ qù guò Tái wān nǎ lǐ
ニ チュィグォタイワン ナ リ

[台湾語] 你去過台灣佗一寡所在？
Lí khì kòe Tâi-oân tó chit-kóa só-chāi
リ キ グェダイワンド ジッグァ ソ ザイ

19 ～しませんでした、～していません

主語 ＋沒＋ 動詞

基本 フレーズ

我沒說。
Wǒ méi shuō
ウォ メイスウォ

言ってないよ。

こんなときに使おう!
「言った？」と聞かれて…

『 主語 ＋沒＋ 動詞 』は「 主語 は～していない／～しなかった」という表現です。『沒』は必ず動詞の前におき、過去の行為の否定を表します。

● 基本パターン ●

| 台湾華語 | 主語 ＋ 沒 ＋ 動詞 ～ 。 |
| 台湾語 | 主語 ＋ 無 ＋ 動詞 ～ 。 |

基本パターンで言ってみよう！

昨日は会社に行かなかった。

[台湾華語] 我昨天沒去上班。
Wǒ zuó tiān méi qù shàng bān
ウォズウォティェンメイチュイサン バン

[台湾語] 我昨昏無去上班。
Góa cha-hng bô khì siōng-pan
グァ ザン ボ キ ションバン

あきらめてないよ。

[台湾華語] 我沒放棄。
Wǒ méi fàng qì
ウォメイファン チ

[台湾語] 我無放棄。
Góa bô hòng-khì
グァ ボ ホン キ

申し込みをしていない。

[台湾華語] 我沒報名。
Wǒ méi bào míng
ウォメイバウミン

[台湾語] 我無報名。
Góa bô pò-miâ
グァ ボ ボ ミャ

応 用

● 肯定パターン ●

[台湾華語] 『沒』を取って、動詞の後ろに『了』をつけるだけ！

主語 ＋ 動詞 ＋ 了 。

[台湾語] 『無』を取って、動詞の後ろに『矣』をつけるだけ！

主語 ＋ 動詞 ＋ 矣 。

言った。

[台湾華語] 我說了。
Wǒ shuō le
ウォスゥォ ラ

[台湾語] 我講矣。
Góa kóng--ah
グァ ゴン アッ

● 疑問パターン ●

[台湾華語] 文末に『嗎』をつけるだけ！

主語 ＋ 沒 ＋ 動詞 ～ 嗎 ？

[台湾語] 『敢』を『無』の前につけるだけ！

主語 ＋ 敢 ＋ 無 ＋ 動詞 ～ ？

言ってないの？

[台湾華語] 你沒說嗎？
Nǐ méi shuō mā
ニ メイスゥォ マ

[台湾語] 你敢無講？
Lí kám bô kóng
リ ガム ボ ゴン

〜しませんでした、〜していません／主語＋沒＋動詞

応用パターンで言ってみよう!

昨日、会社に行ったよ。

[台湾華語] 我昨天去上班了。
Wǒ zuó tiān qù shàng bān le
ウォズウォティェンチュイサン バン ラ

[台湾語] 我昨昏去上班矣。
Góa cha-hng khì siōng-pan--ah
グァ ザン キ ションバンアッ

あきらめた。

[台湾華語] 我放棄了。
Wǒ fàng qì le
ウォファン チ ラ

[台湾語] 我放棄矣。
Góa hòng-khì--ah
グァホン キ アッ

申し込みをしていないの？

[台湾華語] 你沒報名嗎？
Nǐ méi bào míng mā
ニ メイバウミン マ

[台湾語] 你敢無報名？
Lí kám bô pò-miâ
リ ガム ボ ポ ミャ

20 ここは〜です

這裡是〜

基本 フレーズ

這裡是士林站。
Zhè lǐ shì Shì lín zhàn
ゼ リ ス ス リン ザン

ここは士林駅です。

こんなときに使おう!

自分が今どこにいるのか、近くの人にたずねたら…

『這裡是〜』は「ここは〜です」という表現です。『這裡』は日本語の「ここ」にあたります。日本語の「そこ」「あそこ」にあたるものは『那裡』です。

● 基本パターン ●

| 台湾華語 | 這裡 ＋ 是 ＋ 場所 。 |

| 台湾語 | 遮 ＋ 是 ＋ 場所 。 |

基本パターンで言ってみよう!

ここは3番出口です。

[台湾華語] 這裡是三號出口。
Zhè lǐ shì sān hào chū kǒu
ゼ リ ス サン ハウ ツゥ コゥ

[台湾語] 遮是三號出口。
Chia sī saⁿ hō chhut-kháu
ジャ シ サン ホ ツゥッカウ

ここは龍山寺の近くです。

[台湾華語] 這裡是龍山寺附近。
Zhè lǐ shì Lóng shān sì fù jìn
ゼ リ ス ロン サン ス フ ジン

[台湾語] 遮是龍山寺附近。
Chia sī Liông-san-sī hū-kīn
ジャ シ リョンサン シ フ ギン

ここは僕の学校です。

[台湾華語] 這裡是我的學校。
Zhè lǐ shì wǒ de xué xiào
ゼ リ ス ウォ ダ シュェ シャウ

[台湾語] 遮是我的學校。
Chia sī góa ê ha̍k-hāu
ジャ シ グァ エ ハッ ハウ

応用

●否定パターン●

[台湾華語] 『不』を『是』の前につけるだけ！

這裡 ＋ 不 ＋ 是 ＋ 場所 。

[台湾語] 『毋』を『是』の前につけるだけ！

遮 ＋ 毋 ＋ 是 ＋ 場所 。

ここは士林駅ではありません。

[台湾華語] 這裡不是士林站。
Zhè lǐ bú shì Shì lín zhàn
ゼ リ ブ ス ス リンザン

[台湾語] 遮毋是士林站。
Chia m̄-sī Sū-lîm chām
ジャ ム シ スゥリムザム

●疑問パターン●

[台湾華語] 文末に『嗎』をつけるだけ！

這裡 ＋ 是 ＋ 場所 ＋ 嗎 ？

[台湾語] 『敢』を『是』の前につけるだけ！

遮 ＋ 敢 ＋ 是 ＋ 場所 ？

ここは士林駅ですか？

[台湾華語] 這裡是士林站嗎？
Zhè lǐ shì Shì lín zhàn mā
ゼ リ ス ス リンザン マ

[台湾語] 遮敢是士林站？
Chia kám-sī Sū-lîm chām
ジャガム シ スゥリムザム

ここは〜です／這裡是〜

応用パターンで言ってみよう!

ここは警察署ではありません。

[台湾華語] 這裡**不是**警察局。
Zhè lǐ bú shì jǐng chá jú
ゼ リ ブ ス ジンツァジュィ

[台湾語] 遮**毋是**警察局。
Chia m̄-sī kéng-chhat-kiòk
ジャム シ ギンツァッギョッ

ここはあなたの家ですか？

[台湾華語] 這裡**是**你家**嗎**？
Zhè lǐ shì nǐ jiā mā
ゼ リ ス ニ ジャマ

[台湾語] 遮**敢是**恁兜？
Chia kám sī lín tau
ジャガム シ リンダウ

これも知っておこう!

『這裡』『遮』（ここ）を『那裡』『遐』（そこ、あそこ）に変えると、『那裡是〜』『遐是〜』は「そこ（あそこ）は〜です」という表現になります。

あそこは夜市です。

[台湾華語] 那裡**是**夜市。
Nà lǐ shì yè shì
ナ リ ス イェス

[台湾語] 遐**是**夜市。
Hia sī iā-chhī
ヒャ シ ヤ チ

21 すべて〜、いずれも〜

都〜

基本フレーズ

都 想要。
Dōu xiǎng yào
ドウ シャンヤウ

いずれもほしい。

こんなときに使おう！

「どれがほしい？」と聞かれて…

『都＋很＋形容詞』『都＋動詞』は「すべて〜」「みんな〜」「いずれも〜」という表現です。『都』はここでは副詞として働き、必ず形容詞／動詞の前におきます。

基本パターン

台湾華語　都 ＋ 很 ＋ 形容詞 。
　　　　　都 ＋ 動詞 〜 。

台湾語　　攏 ＋ 真 ＋ 形容詞 。
　　　　　攏 ＋ 動詞 〜 。

基本パターンで言ってみよう!

どれもおいしい。

[台湾華語] 都很好吃。
Dōu hěn hǎo chī
ドウヘンハウ ツ

[台湾語] 攏真好食。
Lóng chin hó-chiàh
ロン ジン ホ ジャッ

みんなきれいよ。

[台湾華語] 都很漂亮。
Dōu hěn piào liàng
ドウヘンピャウリャン

[台湾語] 攏真媠。
Lóng chin súi
ロン ジン スイ

どちらも OK よ。

[台湾華語] 都可以。
Dōu kě yǐ
ドウ カ イ

[台湾語] 攏會使。
Lóng ē-sái
ロン エ サイ

応用

●否定パターン●
＊形容詞の場合は『很』『真』が脱落。

[台湾華語] 『都』の後ろに『不』をつけるだけ！

都 ＋ 不 ＋ 動詞 ～ 。

[台湾語] 『攏』の後ろに『無』をつけるだけ！

攏 ＋ 無 ＋ 動詞 ～ 。

いずれもほしくない。

[台湾華語] 都不想要。
Dōu bù xiǎng yào
ドウ ブ シャン ヤウ

[台湾語] 攏無愛。
Lóng bô-ài
ロン ボ アイ

●疑問パターン●

[台湾華語] 文末に『嗎』をつけるだけ！

都 ＋ 動詞 ～ 嗎 ？

[台湾語] 『敢』を『攏』の前につけるだけ！

敢 ＋ 攏 ＋ 動詞 ～ ？

いずれもほしいの？

[台湾華語] 都想要嗎？
Dōu xiǎng yào mā
ドウ シャン ヤウ マ

[台湾語] 敢攏欲愛？
Kám lóng beh ài
ガム ロン ベッ アイ

すべて〜、いずれも〜／都〜

応用パターンで言ってみよう！

どれも好きじゃない。

[台湾華語] 都不喜歡。
Dōu bù xǐ huān
ドウ ブ シ ホァン

[台湾語] 攏無佮意。
Lóng bô kah-ì
ロン ボ ガッイ

どれも食べたことがない。 *経験の否定。

[台湾華語] 都沒吃過。
Dōu méi chī guò
ドウ メイ ツ グォ

[台湾語] 攏無食過。
Lóng bô chiàh--kòe
ロン ボ ジャッグェ

全部いらないの？

[台湾華語] 都不要嗎？
Dōu bú yào mā
ドウ ブ ヤウ マ

[台湾語] 敢攏無愛？
Kám lóng bô-ài
ガム ロン ボ アイ

Part II

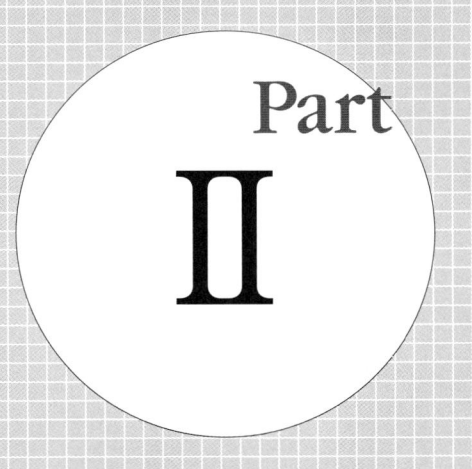

使える!
頻出パターン51

22 ～はどこ？

～在哪裡？

基本フレーズ

捷運站在哪裡？
Jié yùn zhàn zài nǎ lǐ
ジェュィンザン ザイ ナ リ

MRT（捷運）の駅はどこですか？

こんなときに使おう!

駅の場所がわからないときに…

『～在哪裡？』は「～はどこにありますか？」「～はどこにいますか？」という表現です。

基本パターン

|台湾華語| 主語 ＋ 在 ＋ 哪裡 ？

|台湾語| 主語 ＋ 佇 ＋ 佗位 ？

~はどこ？／~在哪裡？

😊 基本パターンで言ってみよう！

張さんはどこにいますか？

[台湾華語] 小張在哪裡？
Xiǎo Zhāng zài nǎ lǐ
シャウ ザン ザイ ナ リ

[台湾語] 張的佇佗位？
Tiuⁿ--ê tī tó-ūi
デュン エ ディ ド ウイ

鼎泰豐(ディンタイフォン)はどこにありますか？

[台湾華語] 鼎泰豐在哪裡？
Dǐng tài fēng zài nǎ lǐ
ディンタイフォン ザイ ナ リ

[台湾語] 鼎泰豐佇佗位？　＊『鼎泰豐』は通常、華語発音。
Dǐng tài fēng tī tó-ūi
ディン タイ フォン ディ ド ウイ

⚠️ これも知っておこう！

『是』を使った疑問文の場合は、次のようになります。

ここはどこですか？

[台湾華語] 這裡是哪裡（呢）？　＊『呢』は省略できる。
Zhè lǐ shì nǎ lǐ (ne)
ゼ リ ス ナ リ （ナ）

[台湾語] 遮是佗位？
Chia sī tó-ūi
ジャ シ ド ウィ

23 〜はいくらですか？
〜多少錢？

基本フレーズ

這個多少錢？
Zhè ge duō shǎo qián
ゼ ガ ドゥォ サウ チェン

これはいくらですか？

こんなときに使おう！

お店で買い物をするときに…

『〜多少錢？』は「〜はいくらですか？」という表現です。お店で品物の値段を聞いたりするときなどに使います。

基本パターン

台湾華語	主語 ＋ 多少錢 ？
台湾語	主語 ＋ 偌濟錢 ？

～はいくらですか？／～多少錢？

😊 基本パターンで言ってみよう！

1人前はいくらですか？

[台湾華語] 一人份多少錢？
Yì rén fèn duō shǎo qián
イ レンフェンドゥォサウチェン

[台湾語] 一人份偌濟錢？
Chit-lâng hūn lōa-chē chîⁿ
ジッランフンルァ ゼ ジン

全部でいくらですか？

[台湾華語] 總共多少錢？
Zǒng gòng duō shǎo qián
ゾン ゴン ドゥォサウチェン

[台湾語] 攏總偌濟錢？
Lóng-chóng lōa-chē chîⁿ
ロンゾン ルァ ゼ ジン

マッサージ1回いくらですか？

[台湾華語] 馬殺雞一節多少錢？
Mǎ shā jī yì jié duō shǎo qián
マ サジ イ ジェドゥォサウチェン

[台湾語] 掠龍 一節偌濟錢？
Liáh-lêng chit-chiat lōa-chē chîⁿ
リャリン ジッジェッルァ ゼ ジン

107

24 〜は誰？ / 〜是誰？

基本フレーズ

他**是**誰？
Tā shì shuí
タ ス スェ

彼は誰？

こんなときに使おう!

ある男性を初めて見たときに…

『〜是誰？』は「〜は誰ですか？」という表現です。質問に対して答えるときは『主語+是〜』のように言います。

基本パターン

台湾華語　主語 ＋ 是 ＋ 誰 ？

台湾語　主語 ＋ 是 ＋ 啥人 ？

~は誰？／～是誰？

基本パターンで言ってみよう！

あなたのボーイフレンドは誰？

[台湾華語] 你的男朋友是誰？
Nǐ de nán péng yǒu shì shuí
ニ ダ ナン ポン ヨ ス スェ

[台湾語] 你的男朋友是啥人？
Lí ê lâm-pêng-iú sī siá^n-lâng
リ エ ラムピン ユ シ シャンラン

あなたたちの先生は誰ですか？

[台湾華語] 你們老師是誰？
Nǐ mén lǎo shī shì shuí
ニ メン ラウ ス ス スェ

[台湾語] 恁老師是啥人？
Lín lāu-su sī siá^n-lâng
リン ラウ ス シ シャンラン

君たちの上司は誰？

[台湾華語] 你們老闆是誰？
Nǐ mén lǎo bǎn shì shuí
ニ メン ラウバン ス スェ

[台湾語] 恁頭家是啥人？
Lín thâu-ke sī siá^n-lâng
リン タウ ゲ シ シャンラン

25 いつ～？
什麼時候～？

基本フレーズ

你什麼時候去旅行？
Nǐ shén me shí hòu qù lǚ xíng
ニ　セン　モ　ス　ホウ　チュイ　リュイ　シン

いつ旅行に行くの？

こんなときに使おう！

相手の予定をたずねるときに…

『什麼時候～？』は「いつ～？」という表現です。

基本パターン

台湾華語	主語 ＋ 什麼時候 ～？
台湾語	主語 ＋ 啥麼時陣／甚麼時陣 ～？

いつ〜？／什麼時候〜？

基本パターンで言ってみよう！

いつ時間がある？

[台湾華語] 你**什麼時候**有空？
Nǐ shén me shí hòu yǒu kòng
ニ センモ ス ホウ ヨ コン

[台湾語] 你**啥麼時陣**有閒？
Lí siáⁿ-mih sî-chūn ū-êng
リ シャンミッ シ ズゥン ウ イン

いつご都合がよろしいですか？

[台湾華語] 您**什麼時候**方便？
Nín shén me shí hòu fāng biàn
ニン センモ ス ホウ ファンビェン

＊『您』は『你』の敬称。目上の人に対して使う。

[台湾語] 你**啥麼時陣**方便？
Lí siáⁿ-mih sî-chūn hong-piān
リ シャンミッ シ ズゥン ホンビェン

いつ自宅にいるの？

[台湾華語] 你**什麼時候**在家？
Nǐ shén me shí hòu zài jiā
ニ センモ ス ホウザイジャ

[台湾語] 你**啥麼時陣**有佇厝？
Lí siáⁿ-mih sî-chūn ū tī chhù
リ シャンミッ シ ズゥン ウ ディツゥ

III

26 何時〜？

幾點〜？

基本フレーズ

幾點開張？
Jǐ diǎn kāi zhāng
ジ ディェンカイ ザン

何時に開店しますか？

こんなときに使おう!
店の開く時間を知りたいときに…

『幾點〜？』は「何時に〜？」という表現です。時間を確認するときに使う表現ですが、『幾點』は文の最初に来たり、真ん中に来たり、最後に来たりします。時々、主語が省略されたりもします。

基本パターン

台湾華語　(主語 ＋) 幾點 〜 ?

台湾語　　(主語 ＋) 幾點 〜 ?

何時〜？／幾點〜？

基本パターンで言ってみよう！

何時が都合いい？

[台湾華語] 你幾點方便？
Nǐ jǐ diǎn fāng biàn
ニ ジ ティエン ファン ビェン

[台湾語] 你幾點方便？
Lí kúi-tiám hong-piān
リ グィディアム ホンベン

何時に会社が終わるの？

[台湾華語] 妳幾點下班？
Nǐ jǐ diǎn xià bān
ニ ジ ティエンシャバン

[台湾語] 你幾點下班？
Lí kúi-tiám hā-pan
リ グィディアム ハ バン

今日、何時に終わるの？

[台湾華語] 你今天幾點結束？
Nǐ jīn tiān jǐ diǎn jié shù
ニ ジンティエン ジ ティエンジェスゥ

[台湾語] 你今仔日幾點代誌會煞？
Lí kin-á-jit kúi-tiám tāi-chì ē soah
リ ギン ア ジッグィディアム ダイジ エ スゥアッ

II 使える！頻出パターン51

113

27 どうやって～？

怎麼～？

基本フレーズ

這個要怎麼吃？
Zhè ge yào zěn me chī
ゼ ガ ヤウ ゼン モ ツ

これはどうやって食べるの？

こんなときに使おう！

食べ方がわからないときに…

『怎麼～？』は「どうやって～？」という表現です。動詞の前に来る場合は方法、方式などをたずねます。英語の how にあたります。

基本パターン

| 台湾華語 | 主語 ＋ 怎麼 ＋ 動詞 ～？ |

| 台湾語 | 主語 ＋ 按怎 ＋ 動詞 ～？ |

どうやって~?／怎麼~?

基本パターンで言ってみよう！

新竹はどうやって行くの？

＊『新竹』：地名。台湾のシリコンバレーと言われている。

[台湾華語] 新竹怎麼去？
Xīn zhú zěn me qù
シンズゥゼン モ チュィ

[台湾語] 新竹按怎去？
Sin-tek án-chóaⁿ khì
シンディッアンズゥァン キ

この携帯はどうやって使うの？

[台湾華語] 這台手機怎麼用？
Zhè tái shǒu jī zěn me yòng
ゼ タイソウ ジ ゼン モ ヨン

[台湾語] 這支手機仔按怎用？
Chit ki chhiú-ki-á án-chóaⁿ ēng
ジッ ギ チュウ ギ ア アンズゥァンイン

華語で何て言うの？（華語でどのように言うの？）

[台湾華語] 用華語怎麼說？
Yòng Huá yǔ zěn me shuō
ヨン ホァユィゼン モ スゥォ

[台湾語] 華語按怎講？
Hôa-gí án-chóaⁿ kóng
ホァ ギ アンズゥァン ゴン

28 どうぞ〜してください

請〜

基本フレーズ

請喝茶。
Qǐng hē chá
チン ハ ツァ

どうぞ、お茶をお飲みください。

こんなときに使おう！

お茶をすすめるときに…

『請〜』は「どうぞ〜してください」という表現です。英語で言うと Please 〜と意味が似ています。

基本パターン

| 台湾華語 | 請 ＋ 動詞 〜 。 |
| 台湾語 | 請 ＋ 動詞 〜 。 |

どうぞ〜してください／請〜

基本パターンで言ってみよう!

どうぞ、お入りください。

[台湾華語] **請**進。
Qǐng jìn
チン ジン

[台湾語] **請**入來。
Chhiáⁿ jip--lâi
チァン ジプライ

どうぞ、お話しください。

[台湾華語] **請**說。
Qǐng shuō
チン スゥォ

[台湾語] **請** 講。
Chhiáⁿ kóng
チァン ゴン

どうぞ、ごゆっくりお召し上がりください。

[台湾華語] **請**慢用。
Qǐng màn yòng
チン マン ヨン

[台湾語] **請**沓沓仔用。
Chhiáⁿ táuh-táuh-á ēng
チァン ダウッ ダウッ ア イン

29 〜をください

給我〜

基本フレーズ

給我這個。
Gěi wǒ zhè ge
ゲイウォ ゼ ガ

これをください。

こんなときに使おう!

お店でほしいものが見つかったら…

　『給我〜』は「私に〜をください」という表現です。『給＋人＋名詞』で「人に〜をあげる／くれる」という意味です。お店で買い物をするときや、屋台や飲食店で注文するときに使えます。

　『一份』は「1人前」、『兩人份』は「2人前」という意味で、『給我一份〜』（〜を1人前ください）、『給我兩人份〜』（〜を2人前ください）のように言えば、人数に合わせて注文できます。

基本パターン

| 台湾華語 | 給 ＋ 我 ＋ 名詞 。|

| 台湾語 | 予 ＋ 我 ＋ 名詞 。|

~をください／給我~

基本パターンで言ってみよう!

電話をください。

台湾華語 **給我**電話。
Gěi wǒ diàn huà
ゲイウォ ディエンホァ

台湾語 **予我**電話。
Hō góa tiān-ōe
ホ グァ デンウェ

ビール1杯ください。

台湾華語 **給我**一杯啤酒。
Gěi wǒ yì bēi pí jiǔ
ゲイウォ イ ベイ ピ ジョ

台湾語 **予我**一杯 bì-lù。
Hō góa chit poe bì-lù
ホ グァ ジッ プェ ビール

＊「ビール」は『麥仔酒』(beh-á-chiú) という言い方もある。
通常、日本語に由来する『bì-lù』を使う。

マンゴーのかき氷を1人前ください。

台湾華語 **給我**一份芒果冰。
Gěi wǒ yí fèn máng guǒ bīng
ゲイウォ イ フェン マン グォ ビン

台湾語 **予我**一份檨仔冰。
Hō góa chit-hūn sōaiⁿ-á-peng
ホ グァ ジッ フン スゥァン ア ビン

II 使える！頻出パターン51

30 ～しましょう

～吧

基本フレーズ

開動吧。
Kāi dòng ba
カイ ドン バ

いただきましょう。

こんなときに使おう!
これから食事するときに…

『～吧』は「～しましょう」「～しよう」「～しなさい」という意味で、提案、軽い命令、指示するときなどに使う表現です。

基本パターン

|台湾華語| **動詞** ＋ **吧** 。

|台湾語| **動詞** ＋ **啦** 。

~しましょう／~吧

基本パターンで言ってみよう!

行こう。

[台湾華語] 走吧。
Zǒu ba
ゾウ バ

[台湾語] 行啦。
Kiâⁿ--lah
ギャン ラッ

こうしよう。

[台湾華語] 就這樣吧。
Jiù zhè yàng ba
ジョ ゼ ヤン バ

[台湾語] 就按呢啦。
Tō án-ne--lah
ド アン ネ ラッ

早く寝よう。

[台湾華語] 早點睡吧。
Zǎo diǎn shuì ba
ザウディェンスェ バ

[台湾語] 較早 睏啦。
Khah-chá khùn--lah
カッ ザ クン ラッ

31 ～してみて

～看看

基本フレーズ

吃看看。
Chī kàn kàn
ツ　カン カン

食べてみて。

こんなときに使おう！

相手に試食をすすめるときに…

『 動詞 ＋看看』は「～してみる」という意味です。これは大陸の中国語とはちょっと違い、台湾的な表現です。

大陸の中国語では、「～してみる」は『動詞＋動詞＋看』、つまり動詞を２回繰り返して『看』をつけます。上の例文の場合は『吃吃看』になります。

台湾では『吃看看』も『吃吃看』も両方使いますが、前者のほうがより台湾らしい表現です。

基本パターン

台湾華語　　動詞　＋　看看　。

台湾語　　　動詞　＋　看覓　。

~してみて／~看看

基本パターンで言ってみよう！

やってみて。

台湾華語 **做看看**。
Zuò kàn kàn
ズゥォ カン カン

台湾語 **做看覓**。
Chò khòaⁿ-māi
ゾ クァンマイ

聞いてみて。

台湾華語 **問看看**。
Wèn kàn kàn
ウン カン カン

台湾語 **問看覓**。
Mñg khòaⁿ-māi
モン クァンマイ

試してみて。

台湾華語 **試看看**。
Shì kàn kàn
ス カン カン

台湾語 **試看覓**。
Chhì khòaⁿ-māi
チ クァンマイ

32 ～させて / 讓～

基本フレーズ

讓我幫你。
Ràng wǒ bāng nǐ
ラン ウォ バン ニ

手伝わせて。

こんなときに使おう！
私もやりたいというときに…

『讓～』は「～させてください」という意味です。誰かに何かをさせるときの表現です。

基本パターン

| 台湾華語 | 讓 ＋ 人 ＋ 動詞 ～ 。 |
| 台湾語 | 予 ＋ 人 ＋ 動詞 ～ 。 |

~させて／讓~

基本パターンで言ってみよう！

お待たせしました。

[台湾華語] 讓你久等了。
Ràng nǐ jiǔ děng le
ラン ニ ジョデン ラ

[台湾語] 予你等足久。
Hō͘ lí tán chiok kú
ホ リ ダン ジョッ グ

ちょっと休ませて。

[台湾華語] 讓我休息一下。
Ràng wǒ xiū xí yí xià
ランウォショ シ イ シャ

[台湾語] 予我歇睏一下。
Hō͘ góa hioh-khùn--chi̍t-ē
ホ グァ ヒョックン ジッ エ

言わせてください。

[台湾華語] 讓我說。
Ràng wǒ shuō
ランウォスゥォ

[台湾語] 予我講。
Hō͘ góa kóng
ホ グァ ゴン

II 使える！頻出パターン51

125

33 〜しないで / 不要〜

基本フレーズ

不要生氣。
Bú yào shēng qì
ブ ヤウ センチ

怒らないで。

[こんなときに使おう!]

怒っている人をなだめるときに…

『不要〜』は「〜しないで」「〜するな」という表現です。

『不要〜』よりも更に語気を強くしたものが『別〜』です。上の例文の場合は『別生氣』になります。『不要』と『別』は必ず動詞の前におきます。

●基本パターン●

| 台湾華語 | 不要 ＋ 動詞 。 |
| 台湾語 | 莫 ＋ 動詞 。 |

～しないで／不要～

基本パターンで言ってみよう!

心配しないで。

台湾華語 **不要**擔心。
Bú yào dān xīn
ブ ヤウ ダンシン

台湾語 **莫**操煩。
Mài chhau-hoân
マイ ツァウホァン

忘れないで。

台湾華語 **不要**忘記。
Bú yào wàng jì
ブ ヤウ ワン ジ

台湾語 **莫**袂記得。
Mài bē-kì--tit
マイ ベ ギ ディッ

触らないで。

台湾華語 **不要**碰。
Bú yào pèng
ブ ヤウ ポン

台湾語 **莫**摸。
Mài bong
マイ ボン

34 〜していただけませんか？

能不能〜？

基本フレーズ

能不能再便宜一點？
Néng bù néng zài pián yí yì diǎn
ネン ブ ネン ザイ ビェン イ イ ディェン

もう少し安くしていただけませんか？

こんなときに使おう！

お店でまけてほしいときに…

『能不能〜?』は「〜していただけませんか？」「〜していただけますか？」「〜してもらえる？」という意味で、相手に丁寧に依頼するときの婉曲表現です。

相手の依頼に応じるときは『好的』『可以』（いいですよ）、断るときは『不能』（できません）などと答えます。

基本パターン

| 台湾華語 | 能不能 ＋ 動詞 〜 ？ |
| 台湾語 | 敢會當 ＋ 動詞 〜 ？ |

~していただけませんか？／能不能～？

基本パターンで言ってみよう！

ゆっくり話していただけませんか？

[台湾華語] 能不能說慢點？
Néng bù néng shuō màn diǎn
ネン ブ ネン スウォ マン ティエン

[台湾語] 敢會當講較慢咧？
Kám ē-tàng kóng khah bān--leh
ガム エ ダンゴン カ バンレッ

ちょっと貸していただけますか？

[台湾華語] 能不能借我一下？
Néng bù néng jiè wǒ yí xià
ネン ブ ネンジェウォ イ シャ

[台湾語] 敢會當借我一下？
Kám ē-tàng chioh--góa-chit-ē
ガム エ ダンジョッグァ ジッ エ

もう少し速くしてもらえる？

[台湾華語] 能不能快一點？
Néng bù néng kuài yì diǎn
ネン ブ ネン クァイ イ ティエン

[台湾語] 敢會當較緊咧？
Kám ē-tàng khah-kín--leh
ガム エ ダンカッ ギンレッ

35 〜してもいいですか？

可不可以〜？

基本フレーズ

可不可以麻煩你一下？
Kě bù kě yǐ má fán nǐ yí xià
カ ブ カ イ マ ファン ニ イ シャ

ちょっとお願いしてもいいですか？

こんなときに使おう!

お願いごとがあるときに…

『可不可以〜？』は「〜してもいいですか？」「〜してもらえる？」という表現です。

『可以〜嗎？』と同じ意味ですが、『可不可以〜？』のほうが丁寧な感じです。英語で言うと May I 〜？です。

基本パターン

| 台湾華語 | 可不可以 ＋ 動詞 〜 ？ |

| 台湾語 | 會使 ＋ 動詞 〜 ？ |

～してもいいですか？／可不可以～？

基本パターンで言ってみよう！

ちょっと見せてもらえますか？

[台湾華語] 可不可以讓我看一下？
Kě bù kě yǐ ràng wǒ kàn yí xià
カ ブ カ イ ランウォカン イ シャ

[台湾語] 會使予我看一下無？
Ē-sái hō͘ góa khòaⁿ--chit-ē-bô
エ サイ ホ グァクァンジッ エ ボ

お金を少し貸してもらえる？

[台湾華語] 可不可以借我一點錢？
Kě bù kě yǐ jiè wǒ yì diǎn qián
カ ブ カ イ ジェウォ イ ディェンチェン

[台湾語] 會使借我一寡錢無？
Ē-sái chioh góa chit-koá chîⁿ--bô
エ サイジョッグァ ジッグァ ジン ボ

お弁当を1個、買ってきてもらえる？

[台湾華語] 可不可以幫我買一個便當？
Kě bù kě yǐ bāng wǒ mǎi yí ge biàn dāng
カ ブ カ イ バンウォマイ イ ガ ビェンダン

[台湾語] 會使替我買一个便當無？
Ē-sái thè góa bé chit-ê piān-tong--bô
エ サイ テ グァ ベ ジッ エ ベンドン ボ

＊「弁当」は『便當』のほかに『飯包』（pn̄g-pau）とも言う。

36 〜と思います

主語 + 覺得〜

基本フレーズ

我覺得很好。
Wǒ jué de hěn hǎo
ウォ ジュェ ダ ヘン ハウ
いいと思うよ。

こんなときに使おう!
感想を聞かれて…

『我＋覺得〜』は「私は〜と思う」「私が思うに〜」という表現です。主観的、個人的に思っているというニュアンスです。感覚に頼って判断を下すときに使うことが多いです。

基本パターン

[台湾華語] 主語 ＋ 覺得 〜 。

[台湾語] 主語 ＋ 感覺 〜 。

~と思います／主語＋覺得~

基本パターンで言ってみよう!

すばらしいと思う。

[台湾華語] 我覺得很棒。
Wǒ jué de hěn bàng
ウォ ジュェ ダ ヘン バン

[台湾語] 我感覺誠讚。
Góa kám-kak chiâⁿ chán
グァ ガムカッ ジャン ザン

おかしいと思う。

[台湾華語] 我覺得很奇怪。
Wǒ jué de hěn qí guài
ウォ ジュェ ダ ヘン チ グァイ

[台湾語] 我感覺誠奇怪。
Góa kám-kak chiâⁿ kî-koài
グァ ガムカッ ジャン ギ グァイ

どう思いますか？

[台湾華語] 你覺得如何？
Nǐ jué de rú hé
ニ ジュェ ダ ル ハ

＊『如何』を『怎麼樣』(zěn me yàng) で言い換えることも多い。

[台湾語] 你感覺按怎？
Lí kám-kak án-chóaⁿ
リ ガムカッ アンズゥァン

37 ～が必要です

主語 ＋需要～

基本フレーズ

你需要休息。
Nǐ xū yào xiū xí
ニ シュィヤウ ショ シ

君は休みが必要だよ。

こんなときに使おう!
疲れている人に…

『主語＋需要～』は「主語は～が必要である」という表現です。
『主語＋需要＋動詞』の場合は「主語は～しなければならない」という意味になります。

基本パターン

台湾華語	主語 ＋ 需要 ＋ 名詞 。
台湾語	主語 ＋ 需要 ＋ 名詞 。

～が必要です／主語＋需要～

基本パターンで言ってみよう！

僕はお金が必要なんだ。

[台湾華語] 我需要錢。
Wǒ xū yào qián
ウォシュィヤウチェン

[台湾語] 我需要錢。
Góa su-iàu chîⁿ
グァスゥヤウジン

僕は君の助けが必要なんだ。

[台湾華語] 我需要你的幫忙。
Wǒ xū yào nǐ de bāng máng
ウォシュィヤウ ニ ダ バン マン

[台湾語] 我需要你鬥相共。
Góa su-iàu lí tàu-saⁿ-kāng
グァスゥヤウ リ ダウサンガン

君は何が必要？

[台湾華語] 你需要什麼？
Nǐ xū yào shén me
ニ シュィヤウセン モ

[台湾語] 你需要啥物？
Lí su-iàu siáⁿ-mih
リ スゥヤウシャンミッ

Ⅱ 使える！頻出パターン51

135

38 〜が好物です

我＋喜歡吃〜

基本フレーズ

我喜歡吃牛肉麵。
Wǒ xǐ huān chī niú ròu miàn
ウォ シ ホァン ツ ニョ ロ ミェン

牛肉麵が好物です。

こんなときに使おう！
「好物は何？」と聞かれて…

『我喜歡吃〜』は「私は〜を食べるのが好きです」「〜が好物です」という表現です。

『吃』（食べる）を『喝』（飲む）に替えると『我喜歡喝〜』で「私は〜を飲むのが好きです」つまり「好きな飲み物は〜です」になります。たとえば『我喜歡喝啤酒』は「私はビールが好き」です。

基本パターン

[台湾華語] 我 ＋ 喜歡 ＋ 吃 ＋ 料理名 。

[台湾語] 我 ＋ 愛 ＋ 食 ＋ 料理名 。

～が好物です／我＋喜歡吃～

基本パターンで言ってみよう！

デザートが好物です。

[台湾華語] 我喜歡吃甜點。
Wǒ xǐ huān chī tián diǎn
ウォ シ ホァン ツ ティエンディエン

[台湾語] 我愛食甜的。
Góa ài chiảh tiⁿ--ê
グァ アイ ジャッ ディン エ

麺類が好きです。

[台湾華語] 我喜歡吃麵食。
Wǒ xǐ huān chī miàn shí
ウォ シ ホァン ツ ミェン ス
＊『麵食』小麦粉でできた食べ物の総称。

[台湾語] 我愛食麵粉路的。
Góa ài chiảh mī-hún-lō--ê
グァ アイ ジャッ ミ フン ロ エ

辛いものが好きです。

[台湾華語] 我喜歡吃辣的。
Wǒ xǐ huān chī là de
ウォ シ ホァン ツ ラ ダ

[台湾語] 我愛食薟的。
Góa ài chiảh hiam--ê
グァ アイ ジャッ ヒャム エ

137

39 ～を替えたいです

我 + 要換～

基本フレーズ

我要換日幣。
Wǒ yào huàn Rì bì
ウォ ヤウ ホァン リ ビ

日本円に両替したいです。

こんなときに使おう！
両替所にて…

『我要換～』は「私は～を替えたいです」という表現です。
『～』のところに貨幣が来ると「その貨幣に両替したい」という意味になります。『～』のところに、いろいろな名詞を入れ替えたりして表現を増やしてください。

基本パターン

| 台湾華語 | 我 + 要換 + 名詞 。 |
| 台湾語 | 我 + 欲換 + 名詞 。 |

貨幣の種類

日本語	台湾華語	台湾語
台湾ドル	台幣　Tái bì	台票　Tâi-phiò
米ドル	美金　Měi jīn	美金　Bí-kim
人民元	人民幣　Rén mín bì	人民票　Jîn-bîn-phiò

〜を替えたいです／我＋要換〜

基本パターンで言ってみよう！

小銭に替えたいです。

[台湾華語] 我要換零錢。
Wǒ yào huàn líng qián
ウォ ヤウホァン リンチェン

[台湾語] 我欲換零星的。
Góa beh oāⁿ lân-san--ê
グァ ベッ ワン ランサン エ

携帯を替えたいです。

[台湾華語] 我要換手機。
Wǒ yào huàn shǒu jī
ウォ ヤウホァン ソウ ジ

[台湾語] 我欲換手機仔。
Góa beh oāⁿ chhiú-ki-á
グァ ベッ ワン チュゥ ギ ア

パソコンを替えたいです。

[台湾華語] 我要換電腦。
Wǒ yào huàn diàn nǎo
ウォ ヤウホァン ディェンナウ

[台湾語] 我欲換電腦。
Góa beh oāⁿ tiān-náu
グァ ベッ ワン デン ナウ

139

40 ～かもしれない①

可能～吧

基本フレーズ

可能是吧。
Kě néng shì ba
カ ネン ス バ

そうかもしれない。

こんなときに使おう!

あまり確信がないときに…

『可能～吧』は「～かもしれない」「～するだろう」という表現です。英語で言うと may や maybe にあたります。推量詞に、助動詞の『可能』、副詞の『大概』などを使います。

基本パターン

[台湾華語]　主語 ＋ 可能 ～ 吧 。

[台湾語]　主語 ＋ 可能 ～ 啦 。

～かもしれない①／可能～吧

基本パターンで言ってみよう!

彼はもう帰っているかもしれない。

[台湾華語] 他**可能**回家了**吧**。
Tā kě néng huí jiā le ba
タ カ ネンホェジャ ラ バ

[台湾語] 伊**可能**轉去厝矣**啦**。
I khó-lêng tńg-khì chhù--ah-lah
イ コ リンデン キ ツゥアッラッ

円安になるかもしれない。

[台湾華語] 日幣**可能**會貶**吧**。
Rì bì kě néng huì biǎn ba
リ ビ カ ネンホェイビェン バ
＊『貶』は「下がる」。「上がる」は『升』(shēng)

[台湾語] 日票**可能**會落**啦**。
Ji̍t-phiò khó-lêng ē lo̍h--lak
ジッピョ コ リン エ ロッラッ

負けるかもしれない。

[台湾華語] **可能**會輸**吧**。
Kě néng huì shū ba
カ ネンホェイスゥ バ

[台湾語] **可能**會輸**啦**。
Khó-lêng ē su--lah
コ リン エ スゥラッ

141

41 〜かもしれない②

也許〜

基本フレーズ

也許今天會很熱。
Yě xǔ jīn tiān huì hěn rè
イェ シュイ ジン ティェン ホェイ ヘン ラ

今日は暑いかもしれない。

こんなときに使おう!
天候の話になったときに…

『也許〜』は「もしかして〜かもしれない」「あるいは〜かもしれない」という表現です。推量の気持ちを表します。

基本パターン

| 台湾華語 | **也許** ＋ 文章 。

| 台湾語 | **凡勢** ＋ 文章 。

~かもしれない②／也許~

基本パターンで言ってみよう！

あなたはまだ知らないかもしれない。

[台湾華語] **也許**你還不知道。
Yě xǔ nǐ hái bù zhī dào
イェシュィ ニ ハイ ブ ズ ダウ

[台湾語] **凡勢**你猶毋知。
Hoān-sè lí iáu m̄-chai
ホァン セ リ ヤウ ム ザイ

あなたは信じられないかもしれない。

[台湾華語] **也許**你不相信。
Yě xǔ nǐ bù xiāng xìn
イェシュィ ニ ブ シャンシン

[台湾語] **凡勢**你毋信。
Hoān-sè lí m̄ sìn
ホァン セ リ ム シン

あなたはプレッシャーを感じすぎてるかも。

[台湾華語] **也許**你壓力太大了。
Yě xǔ nǐ yā lì tài dà le
イェシュィ ニ ヤ リ タイ ダ ラ

[台湾語] **凡勢**你壓力傷大矣。
Hoān-sè lí ap-le̍k siuⁿ tōa--ah
ホァン セ リ アッリッ シュゥンドゥァアッ

Ⅱ 使える！頻出パターン51

42　〜をありがとう

謝謝〜

基本フレーズ

謝謝你的禮物。
Xiè xie nǐ de lǐ wù
シェシェ ニ ダ リ ウ

プレゼントをありがとう。

こんなときに使おう！

プレゼントをもらったときに…

『謝謝〜』は「〜をありがとう」という表現です。

『〜』のところに人称代名詞『你／妳』（あなた）がくると、『謝謝你』『謝謝妳』になります。英語の Thank you. にあたります。

『你的禮物』は「あなたのプレゼント」で、上の例文は英語の Thank you for your present. にあたります。

●基本パターン●

台湾華語	謝謝　〜。
台湾語	感謝　〜。
	多謝　〜。

~をありがとう／謝謝~

基本パターンで言ってみよう!

メールをありがとう。

台湾華語 **謝謝**你的伊妹兒。
Xiè xie nǐ de yī mèir
シェシェ ニ ダ イ メイアル

台湾語 **感謝**你的 E-mail。
Kám-siā lí ê E-mail
ガムシャ リ エ イメイル

連絡ありがとう。

台湾華語 **謝謝**你的聯絡。
Xiè xie nǐ de lián luò
シェシェ ニ ダ リェンルォ

台湾語 **感謝**你的連絡。
Kám-siā lí ê liân-lo̍k
ガムシャ リ エ レンロッ

手伝ってくれてありがとう。

台湾華語 **謝謝**你的幫忙。
Xiè xie nǐ de bāng máng
シェシェ ニ ダ バン マン

台湾語 **感謝**你的鬥相共。
Kám-siā lí ê tàu-saⁿ-kāng
ガムシャ リ エ ダウ サン ガン

43 〜してごめんね

對不起，〜

基本フレーズ

對不起，我遲到了。
Duì bù qǐ　wǒ chí dào le
ドゥェ ブ チ　ウォ ツ ダウ ラ

遲れてごめんね。

こんなときに使おう！

遲刻したときに…

　『對不起〜』は「〜してごめんね」「〜してごめんなさい」という表現です。『〜，對不起』と言っても意味は同じです。英語の Sorry for 〜にあたります。

　上の例文の場合、『我遲到了，對不起』と言うこともできます。

● 基本パターン ●

| 台湾華語 | 對不起 ， 〜 。 |

| 台湾語 | 歹勢 ， 〜 。 |

　　　　失禮 ， 〜 。

~してごめんね／對不起，~

基本パターンで言ってみよう！

間違えてごめんね。

[台湾華語] 對不起，我弄錯了。
Duì bù qǐ　　wǒ nòng cuò le
ドゥェ ブ チ　　ウォノンツォ ラ

[台湾語] 歹勢，我拂毋著去。
Pháiⁿ-sè　　góa hut m̄-tio̍h--khì
パイン セ　　グァ フツ ム ディオッ キ

待たせてごめんね。

[台湾華語] 對不起，讓你久等了。
Duì bù qǐ　　ràng nǐ jiǔ děng le
ドゥェ ブ チ　　ラン ニ ジョデン ラ

[台湾語] 歹勢，予你等足久。
Pháiⁿ-sè　　hō͘ lí tán chiok kú
パイン セ　　ホ リ ダンジョッ グ

わからなくてごめんね。

[台湾華語] 對不起，我聽不懂。
Duì bù qǐ　　wǒ tīng bù dǒng
ドゥェ ブ チ　　ウォティン ブ ドン

[台湾語] 歹勢，我聽無。
Pháiⁿ-sè　　góa thiaⁿ-bô
パイン セ　　グァティアン ボ

44 ～おめでとう！

恭喜～！

基本フレーズ

恭喜你中獎了！
Gōng xǐ nǐ zhòng jiǎng le
ゴン シ ニ ゾン ジャン ラ

当選おめでとう！

こんなときに使おう!
くじ引きや抽選などに当たった人に…

『恭喜〜』は英語で言うと Congratulations for 〜です。
「お誕生日おめでとう」の場合は英語の Happy Birthday. と同じ発想で『生日快樂』と言います。『恭喜生日』とは言いません。

基本パターン

| 台湾華語 | 恭喜 ～ ！ |

| 台湾語 | 恭喜 ～ ！ |

~おめでとう！／恭喜～！

基本パターンで言ってみよう！

合格おめでとう！〔試験など〕

[台湾華語] 恭喜你上榜了！
Gōng xǐ nǐ shàng bǎng le
ゴン シ ニ サン バン ラ

[台湾語] 恭喜你考牢矣！
Kiong-hí lí khó-tiâu--ah
ギョン ヒ リ コ ディアウアッ

ご結婚おめでとう！〔結婚相手が見つかって〕

[台湾華語] 恭喜你找到另一半！
Gōng xǐ nǐ zhǎo dào lìng yí bàn
ゴン シ ニ ザウ ダウ リン イ バン

[台湾語] 恭喜你欲結婚矣！
Kiong-hí lí beh kiat-hun--ah
ギョン ヒ リ ベッ ゲッ フン アッ

ご昇進おめでとう！

[台湾華語] 恭喜你升官了！
Gōng xǐ nǐ shēng guān le
ゴン シ ニ セン グァン ラ

[台湾語] 恭喜你升官矣！
Kiong-hí lí seng-koaⁿ--ah
ギョン ヒ リ シン グァン アッ

II 使える！頻出パターン51

45 ～がんばって！
～加油！

基本フレーズ

考試加油！
Kǎo shì jiā yóu
カウ ス ジャ ヨ

テスト、がんばって！

こんなときに使おう!
テストを受ける人に…

「車にガソリン（油）を加える（加）」→『加油』「がんばる」。とても覚えやすいフレーズです。使い方も簡単です。

単独で『加油！』（がんばれ！）を使ってもよし、『～加油！』（～がんばって！）でもよいです。

『～』には多くの場合、名詞が入ります。たとえば『爸爸,加油！』は「お父さん、がんばって！」です。

基本パターン

| 台湾華語 | ～ 加油 ！ |

| 台湾語 | ～ 加油 ！ |

〜がんばって！／〜加油！

😊 基本パターンで言ってみよう！

試合、がんばってね！

[台湾華語] **比賽加油！**
Bǐ sài jiā yóu
ビ サイ ジャ ヨ

[台湾語] **比賽加油！**
Pí-sài ka-iû
ビ サイ ガ ユ

面接、がんばってね！

[台湾華語] **面試加油！**
Miàn shì jiā yóu
ミェン ス ジャ ヨ

[台湾語] **面試加油！**
Bīn-chhì ka-iû
ビン チ ガ ユ

会社、がんばってね！

[台湾華語] **上班加油！**
Shàng bān jiā yóu
サン バン ジャ ヨ

[台湾語] **上班加油！**
Siōng-pan ka-iû
ションバン ガ ユ

Ⅱ 使える！頻出パターン51

151

46 とても〜 / 很〜

基本フレーズ

我**很**高興。
Wǒ hěn gāo xìng
ウォ ヘン ガウ シン

私はうれしいです。

こんなときに使おう!
今の気持ちを聞かれて…

『很』は程度を表す副詞で、「とても」「大変に」という意味です。

ほとんどの形容詞は程度を表す副詞の修飾を受けます。その場合、『很』は「とても」という本来の意味がないこともあります。

否定文の場合は『很』が脱落して、形容詞の前に『不』がつきます。
例　『很高興』(うれしい) ／『不高興』(うれしくない)

基本パターン

[台湾華語]　主語 ＋ 很 ＋ 形容詞 。

　　　　　　主語 ＋ 很 ＋ 動詞 。

[台湾語]　　主語 ＋ 誠 ＋ 形容詞 。

　　　　　　主語 ＋ 誠 ＋ 動詞 。

152

とても～/很～

基本パターンで言ってみよう！

今日は暑いです。

[台湾華語] 今天很熱。　＊「寒い」は『冷』(lěng)
Jīn tiān hěn rè
ジンティェンヘン ラ

[台湾語] 今仔日誠熱。
Kin-á-jit chiaⁿ joa̍h
ギン ア ジッ ジャン ズゥァッ

最近、会社が忙しいです。

[台湾華語] 最近公司很忙。
Zuì jìn gōng sī hěn máng
ズェジンゴン ス ヘン マン

[台湾語] 最近公司誠無閒。
Chòe-kīn kong-si chiaⁿ bô-êng
ズェ ギンゴン シ ジャン ボ イン

とても愛してる。

[台湾華語] 我很愛你。
Wǒ hěn ài nǐ
ウォヘンアイ ニ

[台湾語] 我誠愛你。
Góa chiaⁿ ài--lí
グァ ジャンアイ リ

47 ～すぎる

太～了

基本フレーズ

太貴了。
Tài guì le
タイ グェ ラ

高すぎます。

こんなときに使おう！
品物の値段を聞いて…

『太～了』は「～すぎる」という表現です。「安い」は『便宜 (pián yí)』です。

基本パターン

| 台湾華語 | 太 ＋ 形容詞 ＋ 了 。 |

| 台湾語 | 傷 ＋ 形容詞 ＋ 矣 。 |

〜すぎる／太〜了

基本パターンで言ってみよう！

きつすぎる。〔靴やズボンなど〕

[台湾華語] **太緊了**。 ＊「ゆるい」は『鬆』（sōng）
Tài jǐn le
タイ ジン ラ

[台湾語] **傷絚矣**。
Siuⁿ ân--ah
シュウンアンアッ

速すぎる。〔話すスピードなど〕

[台湾華語] **太快了**。 ＊「遅い」は『慢』（màn）
Tài kuài le
タイ クァイ ラ

[台湾語] **傷緊矣**。
Siuⁿ kín--ah
シュウンギンアッ

ひどすぎる。

[台湾華語] **太過分了**。
Tài guò fèn le
タイ グォ フェン ラ

[台湾語] **傷超過矣**。
Siuⁿ chhiau-kòe--ah
シュウン チャウ グェ アッ

Ⅱ 使える！頻出パターン51

48 すぐに〜 / 馬上〜

基本フレーズ

我馬上做。
Wǒ mǎ shàng zuò
ウォ マ サン ズゥォ

すぐにやります。

こんなときに使おう！
「いつやるの？」と聞かれて…

『馬上〜』は「すぐに〜」「直ちに〜」という表現です。馬の上とまったく関係ありません。

基本パターン

[台湾華語]　主語　＋　馬上　＋　動詞　〜。

[台湾語]　主語　＋　隨　＋　動詞　〜。

すぐに〜／馬上〜

基本パターンで言ってみよう！

すぐ行きます。

＊英語の I'm coming. と同じく、「行く」は『來』を使う。

[台湾華語] 我馬上來。
Wǒ mǎ shàng lái
ウォ マ サン ライ

[台湾語] 我隨來。
Góa sûi lâi
グァスィ ライ

すぐ彼に連絡します。

[台湾華語] 我馬上聯絡他。
Wǒ mǎ shàng lián luò tā
ウォ マ サン リェンルォ タ

[台湾語] 我隨連絡伊。
Góa sûi liân-lo̍k--i
グァスィ レンロッイ

すぐ処理します。

[台湾華語] 我馬上去處理。
Wǒ mǎ shàng qù chǔ lǐ
ウォ マ サン チュィツゥ リ

[台湾語] 我隨去處理。
Góa sûi khì chhú-lí
グァスィ キ ツゥ リ

49 まもなく～ / 快～了

基本フレーズ

快到**了**。
Kuài dào le
クァイ ダウ ラ

まもなく着きます。

こんなときに使おう!
列車の車内アナウンスで…

『快～了』は「まもなく～」「もうすぐ～」という表現です。

基本パターン

台湾華語 快 ～ 了 。

台湾語 咧欲 ～ 矣 。

まもなく～／快～了

基本パターンで言ってみよう!

まもなく12時です。

台湾華語 快十二點了。
Kuài shí èr diǎn le
クァイ ス ア ディェン ラ

台湾語 咧欲十二點矣。
Teh-beh chȧp-jī tiám--ah
デッベッ ザプ ジ ディアム アッ

まもなく学校が始まる。

＊『開學』：新学期が始まる

台湾華語 快開學了。
Kuài kāi xué le
クァイ カイ シュェ ラ

台湾語 咧欲開學矣。
Teh-beh khai-hȧk--ah
デッベッ カイ ハッ アッ

まもなく終了です。

台湾華語 快結束了。
Kuài jié shù le
クァイ ジェ スゥ ラ

台湾語 咧欲煞矣。
Teh-beh soah--ah
デッベッ スゥアッ アッ

50 〜になる

變〜了

基本フレーズ

天氣變冷了。
Tiān qì biàn lěng le
ティェン チ ビェンレン ラ

寒くなった。

こんなときに使おう！
天気の話になったときに…

『變〜了』は元々の性質や状態から「〜になった」「〜に変わった」「〜に変化した」という意味です。

基本パターン

| 台湾華語 | 主語 ＋ 變 ＋ 形容詞 ＋ 了 。|

| 台湾語 | 主語 ＋ 變 ＋ 形容詞 ＋ 矣 。|

〜になる／變〜了

基本パターンで言ってみよう!

貧乏になった。

[台湾華語] 我變窮了。
Wǒ biàn qióng le
ウォビェン チョン ラ

[台湾語] 我變散矣。
Góa piàn sàn--ah
グァ ベン サン アッ

もみじが赤くなった。

[台湾華語] 楓葉變紅了。
Fēng yè biàn hōng le
フォンイェ ビェン ホン ラ

[台湾語] 楓仔葉變紅矣。
Png-á-hióh piàn âng--ah
パン ア ヒョッベン アン アッ

きれいになったね。

[台湾華語] 妳變漂亮了哦。
Nǐ biàn piào liàng le o
ニ ビェンピャウリャン ラ オ

[台湾語] 妳變婧矣喔。
Lí piàn súi--ah oh
リ ベンスイアッ オッ

161

51 ～された / 被～了

基本フレーズ

我被騙了。
Wǒ bèi piàn le
ウォ ベイ ピェン ラ
だまされた。

こんなときに使おう！
あとになって気がついて…

『被～』は「～される」「～られる」という受け身の表現で、基本的には「よくないことをされる」という意味で使われます。

基本パターン

台湾華語 主語 ＋ 被 ＋（人など ＋）動詞 ＋ 了 。

台湾語 主語 ＋ 予 ＋（人など ＋）動詞 ＋ 矣 。

~された／被~了

基本パターンで言ってみよう！

彼はクビになった。

[台湾華語] 他被炒魷魚了。
Tā bèi chǎo yóu yú le
タ ベイ ツァウ ヨ ユィ ラ
＊『炒魷魚』はスラング。普通の言い方は『開除』(kāi chú)。
直訳は「クビにされた」。

[台湾語] 伊予人辭頭路矣。
I hō͘ lâng sî-thâu-lō͘-ah
イ ホ ラン シ タウ ロ アッ

蚊に刺された。

[台湾華語] 我被蚊子叮了。
Wǒ bèi wén zi dīng le
ウォベイウン ズ ディン ラ

[台湾語] 我予蠓仔叮矣。
Góa hō͘ báng-á tèng-ah
グァ ホ バン ア ディンアッ

スリにあった。

[台湾華語] 我被扒了。 ＊直訳は「すられた」。
Wǒ bèi pá le
ウォベイ パ ラ

[台湾語] 我予人剪去矣。
Góa hō͘ lâng chián--khì-ah
グァ ホ ランゼン キ アッ

163

52 ～がなくなった

～不見了

基本フレーズ

我護照**不見了**。
Wǒ hù zhào bú jiàn le
ウォ フ ザウ ブ ジェン ラ

パスポートがなくなった。

こんなときに使おう!

「どうしたの？」と聞かれて…

『～不見了』は「～がなくなった」という表現です。
『不見』の代わりに『弄丟』（なくす）を使えば、「～をなくす」という意味になります。たとえば『我錢包弄丟了』は「財布をなくしてしまった」です。

基本パターン

台湾華語   我 ＋ 名詞 ＋ 不見了 。

台湾語   我 ＋ 名詞 ＋ 無去矣 。

～がなくなった／～不見了

😊 基本パターンで言ってみよう！

財布がなくなった。

[台湾華語] 我錢包不見了。
Wǒ qián bāo bú jiàn le
ウォチェンバウ ブ ジェン ラ

[台湾語] 我錢袋仔無去矣。
Góa chîⁿ-tē-á bô--khì-ah
グァジン デ ア ボ キ アッ

カギがなくなった。

[台湾華語] 我鑰匙不見了。
Wǒ yào shǐ bú jiàn le
ウォヤウ ス ブ ジェン ラ

[台湾語] 我鎖匙無去矣。
Góa só-sî bô--khì-ah
グァ ソ シ ボ キ アッ

車がなくなった。〔レッカー車に持って行かれたときなど〕

[台湾華語] 我車子不見了。
Wǒ chē zi bú jiàn le
ウォツェ ズ ブ ジェン ラ

[台湾語] 我車無去矣。
Góa chhia bô--khì-ah
グァ チャ ボ キ アッ

53 ～そうだ / 好像～

基本フレーズ

好像很貴。
Hǎo xiàng hěn guì
ハウ シャン ヘン グェ

高そう。

こんなときに使おう！
ブランド品の店で…

『好像～』は「～そうだ」「～のようだ」「～みたいだ」「～らしい」という表現です。『好像～的樣子』の『～的樣子』が省略された形です。

基本パターン

台湾華語	好像 ＋ 很 ＋ 形容詞 。
	好像 ＋ 很 ＋ 動詞 。
台湾語	若像 ＋ 誠 ＋ 形容詞 。
	若像 ＋ 誠 ＋ 動詞 。

~そうだ／好像~

基本パターンで言ってみよう！

おいしそう。

[台湾華語] 好像很好吃。
Hǎo xiàng hěn hǎo chī
ハウ シャン ヘン ハウ ツ

[台湾語] 若像誠好食。
Ná-chhiūⁿ chiâⁿ hó-chiȧh
ナ チュゥン ジャン ホ ジャッ

おもしろそう。

[台湾華語] 好像很有趣。
Hǎo xiàng hěn yǒu qù
ハウ シャン ヘン ヨ チュィ

[台湾語] 若像誠趣味。
Ná-chhiūⁿ chiâⁿ chhù-bī
ナ チュゥン ジャン ツゥ ビ

痛そう。

[台湾華語] 好像很痛。
Hǎo xiàng hěn tòng
ハウ シャン ヘン トン

[台湾語] 若像誠疼。
Ná-chhiūⁿ chiâⁿ thiàⁿ
ナ チュゥン ジャン ディァン

54 〜みたいだよ
好像〜了

基本フレーズ

我好像感冒了。
Wǒ hǎo xiàng gǎn mào le
ウォ ハウ シャン ガン マウ ラ

風邪を引いたみたい。

こんなときに使おう!
「元気ないね」と言われて…

『好像〜了』は「どうも〜のようだ」「どうも〜みたいだ」という表現です。見たこと、感じたことを表すときに使えます。

基本パターン

台湾華語 主語 ＋ 好像 ＋ 動詞 ＋ 了 。

台湾語 主語 ＋ 若像 ＋ 動詞 ＋ 矣 。

~みたいだよ／好像~了

基本パターンで言ってみよう！

雨がやんだみたい。

[台湾華語] 雨好像停了。
Yǔ hǎo xiàng tíng le
ユィ ハウ シャン ティン ラ

[台湾語] 雨若像停矣。
Hō͘ ná-chhiūⁿ thêng--ah
ホ ナ チュウン ティン アッ

あなたは誤解しているみたい。

[台湾華語] 你好像誤會了。
Nǐ hǎo xiàng wù huì le
ニ ハウ シャン ウ ホェイ ラ

[台湾語] 你若像誤會矣。
Lí ná-chhiūⁿ gō͘-hōe--ah
リ ナ チュウン ゴ ホェ ア ッ

なんとなくわかった。（私はわかったみたい。）

[台湾華語] 我好像懂了。
Wǒ hǎo xiàng dǒng le
ウォ ハウ シャン ドン ラ

[台湾語] 我若像了解矣。
Góa ná-chhiūⁿ liáu-kái--ah
グァ ナ チュウン リャウ カイ アッ

169

55 ～だって

聽說～

基本フレーズ

聽說他回國了。
Tīng shuō tā huí guó le
ティン スゥオ タ ホェ グォ ラ

彼は帰国したって。

こんなときに使おう！

最近、彼を見かけないけど…

『聽說～』は「～だって」「聞くところによると～」という意味です。人から聞いた話を伝えるときの表現です。

基本パターン

台湾華語　聽說 ＋ 文章 。

台湾語　聽講 ＋ 文章 。

基本パターンで言ってみよう!

デパートでセールをやっているって。

[台湾華語] 聽說百貨公司在打折。
Tīng shuō bǎi huò gōng sī zài dǎ zhé
ティンスゥオバイフォゴン ス ザイ ダ ザ

[台湾語] 聽講百貨公司咧拍折。
Thiaⁿ-kóng pah-hòe-kong-si teh phah-chiat
ティァンゴン バ フェゴン シ デッバッゼッ

あの先生は教えるのがうまいんだって。

[台湾華語] 聽說那位老師很會教。
Tīng shuō nà wèi lǎo shī hěn huì jiāo
ティンスゥオ ナ ウェラウ ス ヘン ホェ ジャウ

[台湾語] 聽講彼位老師足勢教。
Thiaⁿ-kóng hit-ūi lāu-su chiok gâu kà
ティァンゴン ヒッウイ ラウスウ ジョッガウ ガ

彼はふられたって。

[台湾華語] 聽說他被甩了。
Tīng shuō tā bèi shuǎi le
ティンスゥオ タ ベイ スゥアイ ラ

[台湾語] 聽講伊予人放捒矣。
Thiaⁿ-kóng i hō͘-lâng pàng-sak--ah
ティァンゴン イ ホ ランバンサッアッ

56 AはBより〜

A 比 B〜

基本フレーズ

我年紀比你大。
Wǒ nián jì bǐ nǐ dà
ウォ ニェン ジ ビ ニ ダ

私はあなたより年上です。

こんなときに使おう!
どちらが年上かと聞かれて…

『 名詞A + 比 + 名詞B 〜』は「AはBより〜」という表現です。

基本パターン

台湾華語　名詞A ＋ 比 ＋ 名詞B ＋ 形容詞 。

台湾語　名詞A ＋ 比 ＋ 名詞B ＋ 較 ＋ 形容詞 。

AはBより～／A比B～

基本パターンで言ってみよう！

今年は去年よりも寒い。

[台湾華語] 今年比去年冷。
Jīn nián bǐ qù nián lěng
ジンニェン ビ チュィニェンレン

[台湾語] 今年比舊年較冷。
Kin-nî pí kū-nî khah léng
ギン ニ ビ グ ニ カッリン

東京の物価は台北よりも高い。

[台湾華語] 東京物價比台北貴。
Dōng jīng wù jià bǐ Tái běi guì
ドン ジン ウ ジャ ビ タイベイグェイ

[台湾語] 東京物價比台北較貴。
Tang-kiaⁿ bút-kè pí Tâi-pak khah kùi
ダンギャン ブッ ゲ ビ ダイバッカッグィ

今の給料は以前よりも多い。

[台湾華語] 我現在工資比以前多。
Wǒ xiàn zài gōng zī bǐ yǐ qián duō
ウォシェンザイゴン ズ ビ イ チェンドゥオ

[台湾語] 我這馬工錢比以前較濟。
Góa chit-má kang-chîⁿ pí í-chêng khah chē
グァジッ マ ガンジン ビ イ ジンカッゼ

＊「給料」は『工錢』のほかに『月給』(goe̍h-kip) とも言う。

57 Aのほうが〜

A 比較〜

基本フレーズ

這個比較好。
Zhè ge bǐ jiào hǎo
ゼ ガ ビ ジャウ ハウ

こちらのほうがいい。

こんなときに使おう!

「どちらがいい?」と聞かれて…

『A＋比較〜』は「Aのほうが〜」という表現です。

基本パターン

台湾華語　A ＋ 比較 ＋ 形容詞 。

台湾語　A ＋ 較 ＋ 形容詞 。

Aのほうが〜／A比較〜

基本パターンで言ってみよう！

東京のほうが寒い。〔他の都市と比べて〕

[台湾華語] **東京比較冷。**
Dōng jīng bǐ jiào lěng
ドン ジン ビ ジャウレン

[台湾語] **東京較冷。**
Tang-kiaⁿ khah léng
ダンギャン カッリン

こちらのほうがきれい。〔洋服など〕

[台湾華語] **這件比較好看。**
Zhè jiàn bǐ jiào hǎo kàn
ゼ ジェン ビ ジャウハウカン

[台湾語] **這領較好看。**
Chit niá khah hó-khòaⁿ
ジッ ニャカッ ホ クァン

そちらのほうがおかずが多い。〔お椀のおかずの量〕

[台湾華語] **那碗的菜比較多。**
Nà wǎn de cài bǐ jiào duō
ナ ワン ダ ツァイ ビ ジャウドゥオ

[台湾語] **彼碗的菜較濟。**
Hit óaⁿ ê chhài khah chē
ヒッワン エ ツァイ カッ ゼ

II 使える！頻出パターン51

175

58 一番〜 / 最〜

基本フレーズ

我最喜歡你。
Wǒ zuì xǐ huān nǐ
ウォ ズゥェ シ ホァン ニ

僕は君が一番好き。

こんなときに使おう!
「誰が好き？」と聞かれて…

『最〜』は「一番〜」という表現です。

基本パターン

[台湾華語]　最 ＋ 形容詞 〜。

　　　　　　最 ＋ 動詞 〜。

[台湾語]　　上蓋 ＋ 形容詞 〜。

　　　　　　上蓋 ＋ 動詞 〜。

一番～／最～

基本パターンで言ってみよう！

一番おいしいパン。

[台湾華語] 最好吃的麵包。
Zuì hǎo chī de miàn bāo
ズゥエハウ ツ ダ ミェンバウ

[台湾語] 上蓋好食的 pháng。
Siōng-kài hó-chiảh ê pháng
ションガイ ホ ジャッ エ パン

一番ステキなプレゼント。

[台湾華語] 最棒的禮物。
Zuì bàng de lǐ wù
ズゥエバン ダ リ ウ

[台湾語] 上蓋讚的禮物。　＊『禮物』は「lé-mih」とも発音する。
Siōng-kài chán ê lé-bút
ションガイザン エ レ ブッ

一番人気のある歌手。

[台湾華語] 最有人氣的歌手。
Zuì yǒu rén qì de gē shǒu
ズゥエ ヨ レン チ ダ ガ ソウ

＊『人氣』は日本語に由来する表現。
本来の表現は『受歡迎』(shòu huān yíng)。

[台湾語] 上蓋紅的歌手。
Siōng-kài âng ê koa-chhiú
ションガイアン エ グァチュ

177

59 よく〜、いつも〜

常常〜

基本フレーズ

他 常常 遲到。
Tā cháng cháng chí dào
タ ツァン ツァン ツ ダウ

彼はよく遅刻します。

こんなときに使おう!
「彼は最近どう？」と聞かれて…

『常常〜』は「よく〜」「いつも〜」「しょっちゅう〜」と頻度の多さを表します。『常常』は副詞で、動詞の前におきます。

基本パターン

台湾華語　　主語 ＋ 常常 ＋ 動詞 。

台湾語　　　主語 ＋ 定定 ＋ 動詞 。

よく〜、いつも〜／常常〜

基本パターンで言ってみよう!

私はよく風邪を引くの。

[台湾華語] 我常常感冒。
Wǒ cháng cháng gǎn mào
ウォ ツァン ツァン ガン マウ

[台湾語] 我定定感著。
Góa tiāⁿ-tiāⁿ kám--tio̍h
グァ ディアンディアン ガム ディオッ

私はよくあれやこれや忘れる。

[台湾華語] 我常常忘東忘西。
Wǒ cháng cháng wàng dōng wàng xī
ウォ ツァン ツァン ワン ドン ワン シ

[台湾語] 我定定無頭神。
Góa tiāⁿ-tiāⁿ bô-thâu-sîn
グァ ディアンディアン ボ タウ シン

インターネットがよく切れちゃう。

[台湾華語] 網路常常斷線。
Wǎng lù cháng cháng duàn xiàn
ワン ル ツァン ツァン ドゥァンシェン

[台湾語] 網路定定斷線。
Bāng-lō͘ tiāⁿ-tiāⁿ tn̄g-sòaⁿ
バン ロ ディアンディアン デンスゥァン

179

60 とても〜、非常に〜

非常〜

基本フレーズ

我非常高興。
Wǒ fēi cháng gāo xìng
ウォ フェイツァン ガウ シン

とてもうれしい。

こんなときに使おう!
今の気持ちを聞かれて…

『非常』は程度を表す副詞で、「とても」「非常に」「完全に」という意味です。程度の強さの度合いで言うと、『很』よりも『非常』のほうが強いです。

基本パターン

[台湾華語]　主語 ＋ 非常 ＋ 形容詞 。

　　　　　主語 ＋ 非常 ＋ 動詞 。

[台湾語]　　主語 ＋ 足 ＋ 形容詞 。

　　　　　主語 ＋ 足 ＋ 動詞 。

180

とても～、非常に～／非常～

基本パターンで言ってみよう!

とてもすばらしい。

台湾華語 非常好。
Fēi cháng hǎo
フェイ ツァン ハウ

台湾語 足好。
Chiok hó
ジョッ ホ

とても感動した。

台湾華語 我非常感動。
Wǒ fēi cháng gǎn dòng
ウォ フェイツァン ガン ドン

台湾語 我足感動。
Góa chiok kám-tōng
グァ ジョッ ガム ドン

非常に腹立たしかった。

台湾華語 我非常生氣。
Wǒ fēi cháng shēng qì
ウォ フェイツァン セン チ

台湾語 我足受氣。
Góa chiok siū-khì
グァ ジョッ シュウ キ

61 ますます〜 / 越來越〜

基本フレーズ

天氣越來越暖和了。
Tiān qì yuè lái yuè nuǎn huō le
ティェン チ ユェ ライ ユェ ヌァン フォ ラ

ますます暖かくなった。

こんなときに使おう!

天気の話になったときに…

『越來越〜』は「ますます〜」という表現です。

基本パターン

| 台湾華語 | 主語 ＋ 越來越 〜 。|
| 台湾語 | 主語 ＋ 愈來愈 〜 。|

ますます～／越來越～

基本パターンで言ってみよう！

ますます台湾を好きになった。

台湾華語 我越來越喜歡台灣了。
Wǒ yuè lái yuè xǐ huān Tái wān le
ウォユェライユェ シ ホァンタイワン ラ

台湾語 我愈來愈佮意台灣矣。
Góa jú-lâi-jú kah-ì Tâi-oân--ah
グァズゥライズゥ ガッイ ダイワンアッ

＊『愈』は口語では「lú」と発音することも多い。

人がますます多くなった。

台湾華語 人越來越多了。
Rén yuè lái yuè duō le
レンユェライユェドゥォ ラ

台湾語 人愈來愈濟矣。
Lâng jú-lâi-jú chē--ah
ランズゥライズゥ ゼ アッ

華語がますます上達しましたね。

台湾華語 你華語說得越來越好了。
Nǐ Huá yǔ shuō de yuè lái yuè hǎo lə
ニ ホァユィスゥォ ダ ユェライユェ ハウ ラ

台湾語 你華語講甲愈來愈好矣。
Lí Hôa-gí kóng kah jú-lâi-jú hó--ah
リ ファ ギ ゴンカッズゥライズゥ ホ アッ

183

62 もっと〜 / 更〜

基本フレーズ

這個更好。
Zhè ge gèng hǎo
ゼ ガ ゲン ハウ

こちらのほうがもっといい。

こんなときに使おう！

あちらもいいけど、こちらがもっといいとき…

『A＋更〜』は「Aのほうがもっと〜」という意味です。物事の程度がもとの程度と比較して「もっと〜」「更に〜」と言うときに使う表現です。

基本パターン

台湾華語　　A ＋ 更 ＋ 形容詞 。

台湾語　　　A ＋ 閣較 ＋ 形容詞 。

もっと〜／更〜

基本パターンで言ってみよう！

こちらの服のほうがもっときれい。

[台湾華語] 這件衣服更漂亮。
Zhè jiàn yī fú gèng piào liàng
ゼ ジェン イ フ ゲン ピャウリャン

[台湾語] 這領衫閣較媠。
Chit niá saⁿ koh-khah súi
ジッニャサンコッカッスィ

去年も寒かったが、今年はもっと寒い。

[台湾華語] 去年冷，今年更冷。
Qù nián lěng　jīn nián gèng lěng
チュィニェンレン　ジンニェンゲンレン

[台湾語] 舊年寒，今年閣較寒。
Kū-nî kôaⁿ　kin-nî koh-khah kôaⁿ
グ ニ グァン　ギン ニ コッカッグァン

台北の物価も高いが、東京はもっと高い。

[台湾華語] 台北物價貴，東京更貴。
Tái běi wù jià guì　Dōng jīng gèng guì
タイベイ ウ ジャグェ　ドンジンゲングェ

[台湾語] 台北物價懸，東京閣較懸。
Tâi-pak bút-kè koân　Tang-kiaⁿ koh-khah koân
ダイバップッ ゲ グアン　ダンギャンコッカッグアン

63 もっと〜して

再〜一點

基本フレーズ

再慢**一點**。
Zài màn yì diǎn
ザイ マン イ ディェン

もっとゆっくり。

こんなときに使おう！

相手が話すのが速くて聞き取れないときに…

『再〜一點』は「もっと〜して」という表現です。

基本パターン

[台湾華語] 再 〜 一點 。

[台湾語] 較 〜 小可 。

もっと〜して／再〜一點

基本パターンで言ってみよう！

もっと多くして。

[台湾華語] 再多一點。
Zài duō yì diǎn
ザイドゥォ イ ディェン

[台湾語] 較濟小可。
Khah chē--sió-khóa
カッ ゼ ショクア

もっと早くして。

[台湾華語] 再快一點。
Zài kuài yì diǎn
ザイクァイ イ ディェン

[台湾語] 較緊小可。
Khah kín--sió-khóa
カッギンショクア

もっと近づいて。

[台湾華語] 再靠近一點。
Zài kào jìn yì diǎn
ザイカウジン イ ディェン

[台湾語] 較倚小可。
Khah óa--sió-khóa
カッウァショクア

64 あまり〜ない

不太〜

基本フレーズ

我**不太**清楚。
Wǒ bú tài qīng chǔ
ウォ ブ タイ チン ツゥ

あまりよくわからない。

こんなときに使おう！

はっきりわからないときに…

『不太〜』は「あまり〜ない」という表現です。

基本パターン

[台湾華語] 主語 ＋ 不太 ＋ 形容詞 。
　　　　 主語 ＋ 不太 ＋ 動詞 。

[台湾語]　主語 ＋ 無啥 ＋ 形容詞 。
　　　　 主語 ＋ 無啥 ＋ 動詞 。

あまり～ない／不太～

基本パターンで言ってみよう!

あまり満足していない。

[台湾華語] 我**不太**滿意。
Wǒ bú tài mǎn yì
ウォ ブ タイマン イ

[台湾語] 我**無啥**滿意。
Góa bô-siá^n boán-ì
グァ ボ シャンブァン イ

あまり甘くない。

[台湾華語] **不太**甜。
Bú tài tián
ブ タイティェン

[台湾語] **無啥**甜。
Bô-siá^n ti^n
ボ シャンディン

あまり慣れていない。

[台湾華語] **不太**習慣。
Bú tài xí guàn
ブ タイ シ グァン

[台湾語] **無啥**慣勢。
Bô-siá^n koàn-sì
ボ シャングァン シ

189

65 それほど〜ない

沒那麼〜

基本フレーズ

沒那麼熱。
Méi nà me rè
メイ ナ モ ラ

それほど暑くない。

こんなときに使おう！
「気候はどう？」と聞かれて…

『沒那麼〜』は「それほど〜ない」という表現です。『〜』には形容詞や動詞がきます。

基本パターン

台湾華語　沒 ＋ 那麼 ＋ 形容詞 。

　　　　　沒 ＋ 那麼 ＋ 動詞 。

台湾語　　無 ＋ 遐 ＋ 形容詞 。

　　　　　無 ＋ 遐 ＋ 動詞 。

それほど～ない／沒那麼～

基本パターンで言ってみよう！

それほど高くない。〔値段〕

[台湾華語] **沒那麼**貴。
Méi nà me guì
メイ ナ モ グェ

[台湾語] **無遐**貴。
Bô hiah kùi
ボ ヒャッグイ

それほどおいしくない。

[台湾華語] **沒那麼**好吃。
Méi nà me hǎo chī
メイ ナ モ ハウ ツ

[台湾語] **無遐**好食。
Bô hiah hó-chiah
ボ ヒャッ ホ ジャッ

それほど好きじゃない。

[台湾華語] **沒那麼**喜歡。
Méi nà me xǐ huān
メイ ナ モ シ ホァン

[台湾語] **無遐**佮意。
Bô hiah kah-ì
ボ ヒャッガッ イ

191

66 まだ〜していない

還沒〜

基本フレーズ

我還沒決定。
Wǒ hái méi jué dìng
ウォ ハイ メイ ジュェディン

まだ決まっていない。

こんなときに使おう!
「決まった？」と聞かれて…

『還沒〜』は「まだ〜していない」という表現です。ちなみに「まだ〜ない」は『還不〜』です。

「まだ知らない」「まだわからない」は『還不知道』『還不清楚』で、『還沒知道』『還沒清楚』とは言いません。

●基本パターン●

[台湾華語] 主語 ＋ 還沒 ＋ 動詞 〜 。

[台湾語] 主語 ＋ 猶未 ＋ 動詞 〜 。

まだ〜していない／還沒〜

基本パターンで言ってみよう！

まだ食事していない。

[台湾華語] 我還沒吃飯。
Wǒ hái méi chī fàn
ウォハイメイ ツ ファン

[台湾語] 我猶未食飯。
Góa iáu-bōe chiảh-pñg
グァ ヤウ ベ ジャッペン

まだ仕事が終わっていない。

[台湾華語] 工作還沒做完。
Gōng zuò hái méi zuò wán
ゴンズゥォハイメイズゥォワン

[台湾語] 工課猶未做了。
Khang-khòe iáu-bōe chò-liáu
カンクェ ヤウ ベ ゾ リャウ

まだ考えついてない。

[台湾華語] 還沒想到。
Hái méi xiǎng dào
ハイメイ シャン ダウ

[台湾語] 猶未想著。
Iáu-bōe siūⁿ--tióh
ヤウ ベ シュウンディオッ

67 〜から / 從〜

基本フレーズ

從現在開始。
Cóng xiàn zài kāi shǐ
ツォンシェンザイカイ ス

今から始まる。

こんなときに使おう！
「いつ始まるの？」と聞かれて…

『從〜』は「〜から」「〜より」という表現です。動作や行為の空間的起点、時間的起点を示します。英語で言うと from ですね。

基本パターン

台湾華語　主語 ＋ 從 〜。

台湾語　　主語 ＋ 對 〜。

~から／從~

基本パターンで言ってみよう！

学校は明日から休みです。

[台湾華語] 學校從明天開始放假。
Xué xiào cóng míng tiān kāi shǐ fàng jià
シュェシャウ ツォン ミンティェンカイ ス ファンジャ

[台湾語] 學校對明仔載開始歇假。
Ha̍k-hāu tùi bîn-á-chài khai-sí hioh-ká
ハッハウドゥィ ビン ア ザイ カイ シ ヒョッ カ

ホテルから出発しました。

[台湾華語] 我從飯店出發了。
Wǒ cóng fàn diàn chū fā le
ウォツォンファンディェンツゥ ファ ラ

[台湾語] 我對飯店出發矣。
Góa tùi pn̄g-tiàm chhut-hoat--ah
グァドゥィペンディァムツゥッファッ アッ

あなたはどこから来たの？

[台湾華語] 你從哪裡來的？
Nǐ cóng nǎ lǐ lái de
ニ ツォン ナ リ ライ ダ

[台湾語] 你對佗位來的？
Lí tùi tó-ūi lâi--ê
リ ドゥィ ド ウィライ エ

II 使える！頻出パターン51

195

68 ～まで / 到～

基本フレーズ

到台北，一張。
Dào Tái běi　　yì zhāng
ダウ タイ ベイ　　イ ザン

台北まで、1枚。

こんなときに使おう！
駅でチケットを買うときに…

『從…到～』は「…から～まで」〔場所、時間、程度〕を表すときの表現です。口語では「…から」の『從…』が省略されることが多いです。

基本パターン

[台湾華語]　主語 ＋ 到 ～ 。

[台湾語]　主語 ＋ 到 ～ 。

~まで／到~

基本パターンで言ってみよう！

授業は3時までです。

[台湾華語] 我課上到三點。
Wǒ kè shàng dào sān diǎn
ウォ カ サン ダウ サンディェン

[台湾語] 我課上到三點。
Góa khò siōng kàu saⁿ-tiám
グァ コ ション ガウ サンディァム

家から駅までは近い。

[台湾華語] 我家到車站很近。
Wǒ jiā dào chē zhàn hěn jìn
ウォ ジャ ダウ ツェ ザン ヘン ジン

[台湾語] 阮兜到車頭真近。
Goán-tau kàu chhia-thâu chin kīn
グァンダウ ガウ チャ タウ ジンギン

玄関までお送りします。〔お客様を見送るときに〕

[台湾華語] 我送您到門口。
Wǒ sòng nín dào mén kǒu
ウォ ソン ニン ダウ メン コウ

[台湾語] 我送你到門口。
Góa sàng lí kàu mn̂g-kháu
グァ サン リ ガウ モン カウ

69 実を言うと〜

其實〜

基本フレーズ

其實我在減肥。
Qí shí wǒ zài jiǎn féi
チ ス ウォ ザイ ジェンフェイ

実はダイエット中です。

こんなときに使おう!
料理をたくさんすすめられて…

『其實〜』は「実は〜」「実を言うと〜」という意味です。前の文の内容を覆したり補ったりするときに使う表現です。

基本パターン

台湾華語 其實 ＋ 文章 。

台湾語 其實 ＋ 文章 。

実を言うと〜／其實〜

基本パターンで言ってみよう！

実はこうなんだ…

[台湾華語] **其實**是這樣的 …
Qí shí shì zhè yàng de
チ　ス　ス　ゼヤンダ

[台湾語] **其實**是按呢的 …
Kî-sit　sī　án-ne--ê
ギ シッシ　アンネエ

実を言うと気にしていないよ。

[台湾華語] **其實**我不在意。
Qí shí wǒ bú zài yì
チ　ス ウォブ ザイ イ

[台湾語] **其實**我無掛意。
Kî-sit góa bô khòa-ì
ギ シッグァ ボ グァ イ

実は君にずっと言いたかった。

[台湾華語] **其實**我一直想對妳說。
Qí shí wǒ yì zhí xiǎng duì nǐ shuō
チ ス ウォ イ ズ シャンドゥェ ニ スゥォ

[台湾語] **其實**我一直想欲對你講。
Kî-sit góa it-tit siūⁿ-beh tùi lí kóng
ギ シッグァイッディッシュゥンベッドゥィ リ ゴン

70 〜なので、…

因為〜，所以…

基本フレーズ

因為他是帥哥，**所以**我喜歡他。
Yīn wèi tā shì shuài gē　suǒ yǐ wǒ xǐ huān tā
インウェイ タ ス スゥァイ ガ　スゥォ イ ウォ シ ホァンタ

彼がイケメンだから、好きなの。

こんなときに使おう！
彼が好きな理由を聞かれて…

『因為+ 文章A (理由), 所以+ 文章B (結果)』は「A なので、B 〜」「A だから、B 〜」と因果関係を表す表現です。

理由を表す『因為』（英語の because）と結果を表す『所以』（英語の so）はペアで使われることが多いです。『因為』を省略することができます。

基本パターン

| 台湾華語 | 因為 ＋ 文章A ， 所以 ＋ 文章B 。 |
| 台湾語 | 因為 ＋ 文章A ， 所以 ＋ 文章B 。 |

~なので、…／因為~，所以…

基本パターンで言ってみよう！

疲れすぎたから、居眠りしちゃった。

[台湾華語] 因為太累了，所以打瞌睡。
Yīn wèi tài lèi le　　suǒ yǐ dǎ kē shuì
インウェイタイレイ ラ　　スゥォ イ ダ カ スゥェ

[台湾語] 因為傷忝矣，所以盹龜。
In-ūi　siuⁿ thiám--ah　　só͘-í　tuh-ku
インウイ シュゥン ディアム アッ　　ソ イ ドゥ グ

忙しかったので、電話するのを忘れた。

[台湾華語] 因為太忙了，所以忘了打電話。
Yīn wèi tài máng le　　suǒ yǐ wàng le dǎ diàn huà
インウェイタイマン ラ　　スゥォ イ ワン ラ ダ ディェンホァ

[台湾語] 因為傷無閒矣，所以袂記得敲電話。
In-ūi　siuⁿ bô-êng--ah　　só͘-í　bē-kì-tit　khà tiān-ōe
インウイ シュゥン ボ インアッ　　ソ イ ベ ギ ディッ カ デン ウェ

ちょっと用事があるから、先に行くね。

[台湾華語] 因為待會有事，所以我先走了。
Yīn wèi dāi huǐ yǒu shì　　suǒ yǐ wǒ xiān zǒu le
インウェイダイフェイ ヨ ス　　スゥォ イ ウォ シェン ゾウ ラ

[台湾語] 因為等咧有代誌，所以我先來走。
In-ūi　tán--leh　ū　tāi-chì　　só͘-í　góa seng lâi cháu
インウイ ダン レッ ウ ダイ ジ　　ソ イ グァ シン ライ ザウ

201

71 〜しながら…

邊〜邊…

基本フレーズ

邊走邊吃。
Biān zǒu biān chī
ビェンゾウビェン ツ

歩きながら食べる。

こんなときに使おう!
夜市の屋台で買って…

『邊〜邊…』は「〜しながら…する」という表現です。『一邊〜一邊…』の『一』を省略したものです。

基本パターン

台湾華語　邊 ＋ 動詞 ＋ 邊 ＋ 動詞 。

台湾語　那 ＋ 動詞 ＋ 那 ＋ 動詞 。

～しながら…／邊～邊…

基本パターンで言ってみよう！

食事しながらテレビを観る。

台湾華語 邊吃飯邊看電視。
Biān chī fàn biān kàn diàn shì
ビェン ツ ファン ビェン カン ディェン ス

台湾語 那食飯那看電視。
Ná chia̍h-pn̄g ná khòaⁿ-tiān-sī
ナ ジャッペン ナ クァンデン シ

やりながら覚える。

＊『學』勉強する、習う

台湾華語 邊做邊學。
Biān zuò biān xué
ビェン ズゥオ ビェン シュェ

台湾語 那做那學。
Ná chò ná o̍h
ナ ヅ ナ オッ

ギターを弾きながら歌う。

台湾華語 邊彈吉他邊唱歌。
Biān tán jí tā biān chàng gē
ビェン タン ジ タ ビェン ツァン ガ

台湾語 那彈 gì-tà 那唱歌。
Ná tôaⁿ gì-tà ná chhiùⁿ-koa
ナ ドゥアン ギ タ ナ チウン グァ

72 ～ってこと？
你＋是說～嗎？

基本フレーズ

你是說你 OK 嗎？
Nǐ shì shuō nǐ OK mā
ニ ス スウォ ニ オーケー マ

あなたは OK ってこと？

こんなときに使おう！
相手に確認したいときに…

『你是說～嗎？』は、直訳すると「あなたは～だと言うのか？」という意味です。相手の言ったことを確認するときの表現です。

『你是說～嗎？』と似た表現に『你的意思是～嗎？』があります。

基本パターン

台湾華語 你 ＋ 是說 ～ 嗎 ？

台湾語　 你 ＋ 是講 ～ 喔 ？

~ってこと？／你＋是說～嗎？

基本パターンで言ってみよう！

仕事を辞めたってこと？

台湾華語 **你是說**你辭職了**嗎**？
Nǐ shì shuō nǐ cí zhí le mā
ニ ス スウォ ニ ツ ズ ラ マ

台湾語 **你是講**你辭頭路矣**喔**？
Lí sī kóng lí sî-thâu-lō--ah-oh
リ シ ゴン リ シ タウ ロ アッ オッ

彼を信用してもいいってこと？

台湾華語 **你是說**可以相信他**嗎**？
Nǐ shì shuō kě yǐ xiāng xìn tā mā
ニ ス スウォ カ イ シャンシン タ マ

台湾語 **你是講**會使相信伊**喔**？
Lí sī kóng ē-sái siong-sìn-i-oh
リ シ ゴン エ サイ シションシン イ オッ

僕の彼女になってくれるってこと？

台湾華語 **妳是說**妳願意當我女朋友**嗎**？
Nǐ shì shuō nǐ yuàn yì dāng wǒ nǚ péng yǒu mā
ニ ス スウォ ニ ユェン イ ダン ウォ ニュィ ポン ヨ マ
＊「本当ですか？」と確認したくなる気持ち。

台湾語 **你是講**你願意做我的女朋友**喔**？
Lí sī kóng lí goān-ì chò góa ê lú-pêng-iú--oh
リ シ ゴン リ グァン イ ゾ グァ エ ル ピン ユ オッ

〈付録〉

- 数字の言い方
- 時間の言い方 (1)
- 月の言い方
- 計算
- 日にちの言い方
- 時間の言い方 (2)
- よく使う疑問詞
- 重量、サイズなど
- 季節
- 方向、位置

◆ 数字の言い方

アラビア数字	文字	台湾語	台湾華語
0	零	lêng リン / khòng コン	líng リン
1	一	chi̍t ジッ	yī イ
2	二	nn̄g ヌン	èr ア
3	三	saⁿ サン	sān サン
4	四	sì シ	sì ス
5	五	gō͘ ゴ	wǔ ウ
6	六	la̍k ラッ	liù リョ
7	七	chhit チッ	qī チ
8	八	peh ベッ	bā バ
9	九	káu ガウ	jiǔ ジョ
10	十	cha̍p ザブ	shí ス
11	十一	cha̍p-it ザブ イッ	shí yī ス イ
12	十二	cha̍p-jī ザブ ジ	shí èr ス アル
13	十三	cha̍p-saⁿ ザブ サン	shí sān ス サン
14	十四	cha̍p-sì ザブ シ	shí sì ス ス
15	十五	cha̍p-gō͘ ザブ ゴ	shí wǔ ス ウ
16	十六	cha̍p-la̍k ザブ ラッ	shí liù ス リョ
17	十七	cha̍p-chhit ザブ チッ	shí qī ス チ
18	十八	cha̍p-peh ザブ ベッ	shí bā ス バ

19	十九	cha̍p-káu ザブ ガウ	shí jiǔ ス ジョ
20	二十	jī-cha̍p ジ ザブ	èr shí アス
30	三十	saⁿ-cha̍p サン ザブ	sān shí サンス
40	四十	sì-cha̍p シ ザブ	sì shí スス
50	五十	gō͘-cha̍p ゴ ザブ	wǔ shí ウス
60	六十	la̍k-cha̍p ラッ ザブ	liù shí リョス
70	七十	chhit-cha̍p チッ ザブ	qī shí チス
80	八十	peh-cha̍p ベッ ザブ	bā shí バス
90	九十	káu-cha̍p ガウ ザブ	jiǔ shí ジョス
100	一百	chi̍t-pah ジッ パッ	yì bǎi イ バイ
1,000	一千	chi̍t-chheng ジッ チン	yì qiān イ チェン
10,000	一萬	chi̍t-bān ジッ バン	yí wàn イ ワン

※台湾語の「零」は、二通りの言い方があります。

文語発音

アラビア数字	文字	台湾語	アラビア数字	文字	台湾語
1	一	it イッ	6	六	lio̍k リョッ
2	二	jī ジ	7	七	chhit チッ
3	三	sam サム	8	八	pat パッ
4	四	sù スゥ	9	九	kiú キュ
5	五	ngó͘ ンゴ	10	十	si̍p シブ

※台湾華語の数字に文語発音はありません。数字の読み方は一つです。

◆ 時間の言い方 (1)

日本語	台湾語		台湾華語
0時	半暝 12點	pòaⁿ-mê chảp-jī tiám ファン メ ザブ ジ ディアム	líng diǎn ※ リン ディエン
1時	1點	chit tiám ジッ ディアム	yì diǎn イ ディエン
2時	2點	nñg tiám ヌン ディアム	liǎng diǎn リャン ディエン
3時	3點	saⁿ tiám サン ディアム	sān diǎn サン ディエン
4時	4點	sì tiám シ ディアム	sì diǎn ス ディエン
5時	5點	gõ͘ tiám ゴ ディアム	wǔ diǎn ウ ディエン
6時	6點	lảk tiám ラッ ディアム	liù diǎn リョ ディエン
7時	7點	chhit tiám チッ ディアム	qī diǎn チ ディエン
8時	8點	peh tiám ベッ ディアム	bā diǎn バ ディエン
9時	9點	káu tiám ガウ ディアム	jiǔ diǎn ジョ ディエン
10時	10點	chảp tiám ザブ ディアム	shí diǎn ス ディエン
11時	11點	chảp-it tiám ザブ イッ ディアム	shí yī diǎn スイ ディエン
12時	12點	chảp-jī tiám ザブ ジ ディアム	shí èr diǎn ス ア ディエン

※ 台湾華語の「0時」の漢字は「零點」です。

その他の時間の単位

日本語	台湾語		台湾華語
分	分	hun フン	fēn フェン
秒	秒	bió ビョ	miǎo ミャウ
15分	刻	chảp-gõ͘ hun ジャブ ゴ フン	kè カ

◆ 月の言い方

日本語	台湾語		台湾華語	
1月	正月 ※1	chiaⁿ--goeh ジャン グェッ	yí yuè ※2	イ ユェ
2月	二月	jī--goeh ジ グェッ	èr yuè	ア ユェ
3月	三月	saⁿ--goeh サン グェッ	sān yuè	サン ユェ
4月	四月	sì--goeh シ グェッ	sì yuè	ス ユェ
5月	五月	gō·--goeh ゴ グェッ	wǔ yuè	ウ ユェ
6月	六月	la̍k--goeh ラッ グェッ	liù yuè	リョ ユェ
7月	七月	chhit--goeh チッ グェッ	qī yuè	チ ユェ
8月	八月	peh--goeh ベッ グェッ	bā yuè	バ ユェ
9月	九月	káu--goeh ガウ グェッ	jiǔ yuè	ジョ ユェ
10月	十月	cha̍p--goeh ザブ グェッ	shí yuè	ス ユェ
11月	十一月	cha̍p-it-- goeh ザブ イッ グェッ	shí yī yuè	ス イ ユェ
12月	十二月	cha̍p-jī--goeh ザブ ジ グェッ	shí èr yuè	ス ア ユェ

※1 台湾語では「1月」のことを「正月」と言います。
※2 台湾華語では「1月」は「一月」(yí yuè)と、「正月」(zhèng yuè)という言い方があります。

◆ 計算

日本語	台湾語		台湾華語	
足す	加	ka	ガ	jiā	ジャ
引く	減	kiám	ギャム	jiǎn	ジェン
掛ける	乗	sêng	シン	chéng	ツェン
割る	除	tû	ドゥ	chú	ツゥ

◆ 日にちの言い方

日本語	台湾語		台湾華語			
1日	初一	chhe-it ツェイッ	初一	chū yī ツゥイ	一日	yí rì イリ
2日	初二	chhe-jī ツェジ	初二	chū èr ツゥア	二日	èr rì アリ
3日	初三	chhe-saⁿ ツェ サン	初三	chū sān ツゥ サン	三日	sān rì サン リ
4日	初四	chhe-sì ツェ シ	初四	chū sì ツゥス	四日	sì rì スリ
5日	初五	chhe-gō͘ ツェ ゴ	初五	chū wǔ ツゥウ	五日	wǔ rì ウリ
6日	初六	chhe-la̍k ツェ ラッ	初六	chū liù ツゥ リョ	六日	liù rì リョ リ
7日	初七	chhe-chhit ツェ チッ	初七	chū qī ツゥ チ	七日	qī rì チリ
8日	初八	chhe-peh ツェ ベッ	初八	chū bā ツゥ バ	八日	bā rì バリ
9日	初九	chhe-káu ツェ ガウ	初九	chū jiǔ ツゥ ジョ	九日	jiǔ rì ジョ リ
10日	初十	chhe-cha̍p ツェ ザブ	初十	chū shí ツゥス	十日	shí rì スリ

※日付の「〜日」は台湾華語では「日」(rì)の代わりに、口語では「號」(hào)も使えます。

日本語	台湾語		台湾華語	
月曜日	拜一	pài-it バイ イッ	星期一	xīng qí yī シン チ イ
火曜日	拜二	pài-jī バイ ジ	星期二	xīng qí èr シン チ ア
水曜日	拜三	pài-saⁿ バイ サン	星期三	xīng qí sān シン チ サン
木曜日	拜四	pài-sì バイ シ	星期四	xīng qí sì シン チ ス
金曜日	拜五	pài-gō͘ バイ ゴ	星期五	xīng qí wǔ シン チ ウ
土曜日	拜六	pài-la̍k バイ ラッ	星期六	xīng qí liù シン チ リョ
日曜日	禮拜	lé-pài レ バイ	星期日	xīng qí rì シン チ リ
	禮拜日	lé-pài-jit レ バイ ジッ	禮拜天	lǐ bài tiān リ バイ ティェン

◆ 時間の言い方 (2)

日本語	台湾語		台湾華語	
おととい	昨日	chòh--jit ゾッジッ	前天	qián tiān チェン ティエン
昨日	昨昏	cha-hng ザン	昨天	zuó tiān ズオ ティエン
今日	今仔日	kin-á-jit ギンア ジッ	今天	jīn tiān ジン ティエン
明日	明仔載	bîn-á-chài ビン ア ザイ	明天	míng tiān ミン ティエン
あさって	後日	āu--jit アウ ジッ	後天	hòu tiān ホウ ティエン
何日	幾工	kúi kang グィ ガン	幾天	jǐ tiān ジ ティエン
先週	頂禮拜	téng lé-pài ディン レ パイ	上星期	shàng xīng qí サン シン チ
今週	這禮拜	chit lé-pài ジッ レ パイ	這星期	zhè xīng qí ゼ シン チ
来週	後禮拜	āu lé-pài アウ レ パイ	下星期	xià xīng qí シャ シン チ
何週間	幾禮拜	kúi lé-pài グィ レ パイ	幾星期	jǐ xīng qí ジ シン チ
先月	頂個月	téng kò-góeh ディン ゴ グェッ	上個月	shàng ge yuè サン ガ ユエ
今月	這個月	chit kò-góeh ジッ ゴ グェッ	這個月	zhè ge yuè ゼ ガ ユエ
来月	後個月	āu kò-góeh アウ ゴ グェッ	下個月	xià ge yuè シャ ガ ユエ
何ヶ月	幾個月	kúi kò góeh グィ ゴ グェッ	幾個月	jǐ ge yuè ジ ガ ユエ
今年	今年	kin-nî ギン ニ	今年	jīn nián ジン ニェン
来年	明年	mê-nî メ ニ	明年	míng nián ミン ニェン
去年	舊年	kū-nî グ ニ	去年	qù nián チュイ ニェン
何年間	幾冬	kúi tang グィ ダン	幾年	jǐ nián ジ ニェン

◆ よく使う疑問詞

日本語	台湾語		台湾華語	
何	啥物	siáⁿ-mih シャンミッ	什麼	shén me センモ
誰	誰	siáng シャン	誰	shuí スェ
いくら	偌濟錢	lōa-chē chîⁿ ルァゼジン	多少錢	duō shǎo qián ドゥオサウチェン
どのくらい	偌久	lōa kú ルァグ	多久	duō jiǔ ドゥオジョ
いつ	當時	tang-sî ダンシ	什麼時候	shén me shí hòu センモスホウ
どこ	佗位	tó-ūi ドウィ	哪裡	nǎ lǐ ナリ
どれ	佗一个	tó chit-ê ドジッエ	哪一個	nǎ yí ge ナイガ
どのように	按怎	án-chóaⁿ アンズゥアン	怎麼	zěn me ゼンモ
何時	幾點	kúi tiám グィディアム	幾點	jǐ diǎn ジディエン

◆ 重量、サイズなど

日本語	台湾語		台湾華語	
重さ	重量	tāng-liōng ダンリョン	重量	zhòng làing ゾンリャン
重さが どのくらい?	偌重	lōa tāng ルァダン	多重	duō zhòng ドゥオゾン
キロ	公斤	kong-kin ゴンギン	公斤	gōng jīn ゴンジン
グラム	公克	kong-khek ゴンケッ	公克	gōng kè ゴンカ
軽い	輕	khin キン	輕	qīng チン
重い	重	tāng ダン	重	zhòng ゾン

距離	距離	kī-lî ギリ	距離	jù lí ジュイリ
距離が どのくらい？	偌遠	lōa hn̄g ルァ フン	多遠	duō yuǎn ドゥォ ユエン
キロメートル	公里 (kilo)	kong-lí ゴン リ	公里	gōng lǐ ゴン リ
メートル	公尺	kong-chhioh ゴン チョッ	公尺	gōng chǐ ゴン ツ
遠い	遠	hn̄g フン	遠	yuǎn ユエン
近い	近	kīn ギン	近	jìn ジン
長さ	長度	tn̂g-tō デン ド	長度	cháng dù ツァン ドゥ
長さが どのくらい？	偌長	lōa tn̂g ルァ デン	多長	duō cháng ドゥォ ツァン
長い	長	tn̂g デン	長	cháng ツァン
短い	短	té デ	短	duǎn ドゥァン
サイズ	大細	tōa-sè ドァ セ	大小	dà xiǎo ダ シャウ
大きさが どのくらい？	偌大	lōa tōa ルァ ドァ	多大	duō dà ドゥォ ダ
大きい	大	tōa ドァ	大	dà ダ
ミディアム	中	tiong ディオン	中	zhōng ゾン
小さい	細	sè セ	小	xiǎo シャウ
スピード	速度	sok-tō ソッ ド	速度	sù dù スゥ ドゥ
スピードが どのくらい？	偌緊	lōa kín ルァ ギン	多快	duō kuài ドゥォ クァイ
速い	緊	kín ギン	快	kuài クァイ
遅い	慢	bān バン	慢	màn マン

◆ 季節

日本語	台湾語		台湾華語	
春	春天	chhun-thiⁿ ツゥン ティン	春	chūn ツゥン
夏	熱天	joa̍h-thiⁿ ジョアッ ティン	夏	xià シャ
	熱人	joa̍h--lâng ジョアッ ラン		
秋	秋天	chhiu-thiⁿ チュウ ティン	秋	qiū チョ
冬	寒天	kôaⁿ-thiⁿ クァン ティン	冬	dōng ドン
	寒人	kôaⁿ--lâng クァン ラン		

「春夏秋冬」の台湾語の文語読み

日本語	台湾語	
春	春	chhun ツゥン
夏	夏	hā ハ
秋	秋	chhiu チュウ
冬	冬	tang ダン

◆ 方向、位置

日本語	台湾語		台湾華語	
東	東	tang ダン	東	dōng ドン
西	西	sai サイ	西	xī シ
南	南	lâm ラム	南	nán ナン
北	北	pak パッ	北	běi ベイ
左	倒爿	tò-pêng ド ビン	左邊	zuǒ biān ズゥォ ビェン
右	正爿	chià^n-pêng ジャン ビン	右邊	yòu biān ヨ ビェン
前	頭前	thâu-chêng タウ ゼン	前面	qián miàn チェン ミェン
後ろ	後壁	āu-piah アウ ビャッ	後面	hòu miàn ホウ ミェン
上	頂面	téng-bīn ディン ビン	上面	shàng miàn サン ミェン
中	中央	tiong-ng ディォン ン	中間	zhōng jiān ゾン ジェン
下	下跤	ē-kha エ カ	下面	xià miàn シャ ミェン

[著者紹介]

趙　怡華（ザウ・イーファー）

東京外国語大学院修士課程修了。韓国延世大学語学堂、アメリカEWU、スペインなどに短期留学を終えて、現在は中国語・台湾語の通訳人。通訳業の傍ら、音楽、放送、漫画など多様な翻訳作業に携わっている。台湾情報誌「な～るほど・ザ・台湾」（台湾文摘股份有限公司）にて「いーふぁ老師の華語講座」連載中。
著書：『新版 CD BOOK はじめての台湾語』『CD BOOK 台湾語会話フレーズブック』『CD BOOK絵でわかる台湾語会話』『CD BOOK たったの72パターンでこんなに話せる中国語会話』『CD BOOK 中国語会話フレーズブック』（以上、明日香出版社）、『やさしい台湾語カタコト会話帳』（すばる舎）、『中華電影的北京語』（キネマ旬報社）など。

[監修者紹介]

陳　豐惠（ダン・ホンフィ）

財団法人李江却台語文教基金会幹事長、長老教会総会台湾族群母語推行委員会台語専員、社団法人台湾ローマ字協会理事、台湾母語教育学会監事などを務める。映画・テレビ・舞台劇などの台湾語指導者としても活躍中。
「台文通訊BONG報」（月刊）副編集長、「臺江臺語文學」（季刊）編集長、PTSテレビ局の台湾語ニュース顧問も務める。

CD BOOK たったの72パターンでこんなに話せる台湾語会話

| 2015 年 | 9 月 22 日 | 初版発行 |
| 2022 年 | 5 月 20 日 | 第11刷発行 |

著　　者	趙　怡　華
監 修 者	陳　豐　惠
発 行 者	石 野 栄 一
発 行 所	明日香出版社
	〒112-0005　東京都文京区水道2-11-5
	電話　03-5395-7650（代表）
	https://www.asuka-g.co.jp
印　　刷	株式会社研文社
製　　本	根本製本株式会社

©Chao Yihua 2015 Printed in Japan　ISBN 978-4-7569-1794-2 C2087

落丁・乱丁本はお取り替えいたします。
本書の内容に関するお問い合わせは弊社ホームページからお願いいたします。

CD BOOK たったの 72 パターンで こんなに話せる中国語会話

趙 怡華

「〜はどう？」「〜だといいね」など、決まった基本パターンを使い回せば、中国語で言いたいことが言えるようになります！ 好評既刊の『72パターン』シリーズの基本文型をいかして、いろいろな会話表現が学べます。

本体価格 1800 円＋税　B6 変型　〈216 ページ〉　2011/03 発行　978-4-7569-1448-4

CD BOOK たったの 72 パターンで こんなに話せる韓国語会話

李 明姫

日常会話でよく使われる基本的なパターン（文型）を使い回せば、韓国語で言いたいことが言えるようになります！ まず基本パターン（文型）を理解し、あとは単語を入れ替えれば、いろいろな表現を使えるようになります。

本体価格 1800 円＋税　B6 変型　〈216 ページ〉　2011/05 発行　978-4-7569-1461-3

CD BOOK たったの 72 パターンで こんなに話せるポルトガル語会話

浜岡 究

「〜はどう？」「〜だといいね」など、決まったパターンを使いまわせば、ポルトガル語は誰でも必ず話せるようになる！ これでもうフレーズ丸暗記の必要ナシ。言いたいことが何でも言えるようになります。

本体価格 1800 円＋税　B6 変型　〈224 ページ〉　2013/04 発行　978-4-7569-1620-4

たったの 72 パターンで こんなに話せるイタリア語会話

**ビアンカ・ユキ
ジョルジョ・ゴリエリ**

「〜はどう？」「〜だといいね」など、決まったパターンを使いまわせば、イタリア語は誰でも必ず話せるようになる！ これでもうフレーズ丸暗記の必要ナシ。この 72 パターンを覚えれば、言いたいことが何でも言えるようになります。

本体価格 1800 円＋税　B6 変型　〈224 ページ〉　2010/07 発行　978-4-7569-1397-5

たったの 72 パターンで こんなに話せるフランス語会話

**小林 知子
エリック・フィオー**

「〜はどう？」「〜だといいね」など、決まったパターンを使いまわせば、フランス語は誰でも必ず話せるようになる！ これでもうフレーズ丸暗記の必要ナシ。この 72 パターンを覚えれば、言いたいことが何でも言えるようになります。

本体価格 1800 円＋税　B6 変型　〈224 ページ〉　2010/08 発行　978-4-7569-1403-3

たったの 72 パターンで こんなに話せるスペイン語会話

**欧米・アジア語学センター
フリオ・ルイス・ルイス**

日常会話でよく使われる基本的なパターン（文型）を使い回せば、スペイン語で言いたいことが言えるようになります！ まず基本パターン（文型）を理解し、あとは単語を入れ替えれば、いろいろな表現を使えるようになります。

本体価格 1800 円＋税　B6 変型　〈224 ページ〉　2013/02 発行　978-4-7569-1611-2

イタリア語会話フレーズブック

ビアンカ・ユキ
ジョルジョ・ゴリエリ

日常生活で役立つイタリア語の会話フレーズを2900収録。状況別・場面別に、よく使う会話表現を掲載。海外赴任・留学・旅行・出張で役立つ表現も掲載。あらゆるシーンに対応できる、会話表現集の決定版！

本体価格 2800 円＋税　B6 変型　〈360 ページ〉　2007/03 発行　978-4-7569-1050-9

フランス語会話フレーズブック

井上 大輔／エリック・フィオー
井上 真理子

フランス好きの著者と、日本在住のフランス人がまとめた、本当に使えるフランス語会話フレーズ集！基本的な日常会話フレーズだけでなく、読んでいるだけでためになるフランス情報ガイド的な要素も盛り込みました。CD3 枚付き！

本体価格 2800 円＋税　B6 変型　〈416 ページ〉　2008/01 発行　978-4-7569-1153-7

スペイン語会話フレーズブック

林 昌子

日常生活で役立つスペイン語の会話フレーズを2900収録。状況別に、よく使う会話表現を掲載。スペイン語は南米の国々でも使われています。海外赴任・留学・旅行・出張で役立つ表現も掲載。あらゆるシーンに対応できる会話表現集の決定版！

本体価格 2900 円＋税　B6 変型　〈408 ページ〉　2006/05 発行　978-4-7569-0980-0

CD BOOK ドイツ語会話フレーズブック

岩井 千佳子
アンゲリカ・フォーゲル

日常生活で役立つドイツ語の会話フレーズを2900収録。状況別に、よく使う会話表現を掲載。海外赴任・留学・旅行・出張で役立つ表現も掲載。カードに添える言葉、若者言葉なども紹介しています。

本体価格 2900 円＋税　B6 変型　〈400 ページ〉　2006/02 発行　4-7569-0955-8

CD BOOK 韓国語会話フレーズブック

李 明姫

日常生活で役立つ韓国語の会話フレーズを2900収録。状況別・場面別に、よく使う会話表現を掲載。近年、韓国を訪れる日本人が増えています。海外赴任・留学・旅行・出張で役立つ表現も掲載。あらゆるシーンに対応できる、会話表現集の決定版！

本体価格 2800 円＋税　B6 変型　〈464 ページ〉　2005/06 発行　978-4-7569-0887-2

CD BOOK 台湾語会話フレーズブック

趙怡華：著
陳豐惠：監修

好評既刊『はじめての台湾語』の著者が書いた、日常会話フレーズ集です。シンプルで実用的なフレーズを場面別・状況別にまとめました。前作と同様、台湾の公用語と現地語（親しい人同士）の両方の表現を掲載しています。様々なシーンで役立ちます。CD3 枚付き。

本体価格 2900 円＋税　B6 変型　〈424 ページ〉　2010/06 発行　978-4-7569-1391-3

CD BOOK 中国語会話フレーズブック

趙 怡華

日常生活で役立つ中国語の会話フレーズを 2900 収録。状況別・場面別に、よく使う会話表現を掲載。海外赴任・留学・旅行・出張で役立つ表現も掲載。あらゆるシーンに対応できる、会話表現集の決定版!

本体価格 2800 円＋税　B6 変型　〈468 ページ〉　2005/06 発行　978-4-7569-0886-5

CD BOOK ロシア語会話フレーズブック

岩切 良信

日常生活で役立つロシア語の会話フレーズを 2900 収録。状況別・場面別に、よく使う会話表現を掲載。海外赴任・留学・旅行・出張で役立つ表現も掲載。手紙の書き方なども紹介しています。

本体価格 3000 円＋税　B6 変型　〈352 ページ〉　2005/08 発行　978-4-7569-0905-3

CD BOOK ポルトガル語会話フレーズブック

カレイラ松崎順子／フレデリコ・カレイラ

日常生活で役立つ会話フレーズを約 2900 収録。状況別に、よく使う会話表現を掲載。海外赴任・留学・旅行・出張で役立つ表現も掲載。本書では、ブラジルのポルトガル語とヨーロッパのポルトガル語の両方の表現を掲載しています。

本体価格 2900 円＋税　B6 変型　〈336 ページ〉　2006/12 発行　978-4-7569-1032-5